# 德國問題與歐洲秩序

彭滂沱著

三民叢刊44

三民書局印行

# 前言：何謂德國問題

「德國問題」（German Question）常出現在歐洲近代史及國際政治的論著，並散見當今的新聞報導，惟其涵義爲何，各家說法，莫衷一是。「德國問題」雖因時代背景不同，意義互異，然而，基本上係探究以下三個主題：

㈠德國的疆界問題　德意志民族於一八七一年始統一立國，此前無國家規模，散居中歐各地。德意志帝國肇建以來，爲政者野心勃勃，意圖統合奧地利、波蘭、捷克、歐俄等地的德人，積極向外擴張，掀起兩次大戰，其疆界歷經變遷，未成定局。德人世代以同文同種、民族自決的原則，尋求自足自滿的德國疆界；其他歐洲國家則嚴防德人藉以對鄰邦侵凌肆虐，破壞歐洲秩序。直言之，「德國問題」乃「什麼是德國」和「什麼是德國人」的問題。

㈡德國的民主化問題　德國於一八七一年首度統一，較諸英、法、西、俄等民族國家的形成爲遲，德國統一後始實行工業化和帝國主義，亦較西方列強爲晚。德國在「列強俱樂部」敬陪末座，求勝心切，厲行威權統治，摒拒政治民主化和社會多元化。德國工業革命斐然有成，惟社會型態仍封建守舊，中產階級無從蔚爲勢力，其人民長久接受強人領導，成爲集權主義的溫床。迨至第二次大戰結束，民主制度在德國一直未曾根植，終爲歐洲秩序的威脅。

㈢德國的分裂問題　第一次大戰後，戰勝國未能以割地賠款的方式裁抑德國實力，德國終不免再啓釁端，至一九四五年戰敗，適逢美蘇冷戰，故遭分裂。對德國而言，「德國問題」乃如何以民族自決原則，恢復國家統一；對其他歐洲國家而言，「德國問題」則係如何將東西德鎖定在東西陣營，維持其分裂局面。由此觀之，「德國問題」包含三個層面的關係：東西德之間的關係、東西德與所屬結盟集團的關係，以及德國分合與歐洲秩序的互動關係。

歐洲秩序（European Order）所指廣泛，本書以「權力平衡」（balance of power）及「歐洲協盟」（Concert of Europe）定義之。前者意指列強軍事競賽及結盟的對峙關係，後者則爲歐洲各國談判、仲裁、妥協的合作精神，十九世紀初以降，兩者交替更迭，互爲體用，維繫歐洲秩序。自德國崛起，歐洲權力容或失衡，協盟精神容或消退，時至二十世紀，歐洲安全體系失靈，非賴外力（美國）介入，無從恢復，故探討現代歐洲秩序須在全球權力架構下，始得全貌。

本書以「德國問題」的本質爲經，以歐洲秩序的變化爲緯，探索一八七一年至一九九一年之間德國與歐洲安全體系的關係。第一章至第四章介紹德國的歷史背景，第五章和第六章陳述德國於第二次大戰後的內政及對外關係，第七章至第九章闡述一九四五年來的東西德關係及一九九〇年德國統一的前因後果，期以歐洲歷史的規律、地緣政治的格局，以及區域經濟的演化，研析「德國問題」的變與不變。

# 德國問題與歐洲秩序

# 第一章　從「維也納會議」到「第二帝國」

## 第一節　普魯士與德國問題

論及「德國問題」的起源，當溯至「維也納會議」(Congress of Vienna)。

自「日耳曼神聖羅馬帝國」(Germanic Holy Roman Empire) 於西元九六二年建立以降，德意志民族一直是小邦林立，未曾出現一個強固有力的中央政府。普魯士王國(Kingdom of Prussia)係由東普魯士的哈恩佐倫(Hohenzollern)王室於一七〇一年所建立，後成爲千百個德意志諸侯的名義領袖，至十八世紀中葉，「德國」仍只是模糊的地理名詞。(見圖一)「西發利亞條約」(Treaty of Westphalia) 加深了德意志民族的分裂，卻激發普魯士菲特烈大帝 (Frederick the Great) 的復國壯志，厲兵秣馬，以「七年戰爭」(一七五六—六三年) 與奧、法、俄聯軍鏖兵，勉力躋身列強之林。拿破崙於一八〇六年大敗德意志西南各邦聯軍，又擊潰普軍，攻城掠地，解散「神聖羅馬帝國」。拿破崙王朝敗亡，一八一五年「維也納會議」重劃歐洲各國疆界，整頓政治秩序，爲德國邁向統一富強的新起點。

「維也納會議」將原先三百餘個德意志城邦重組爲三十九個邦，並結合「德意志邦聯」（Germanic Confederation），以普魯士爲首。此前，德意志民族只有以語言、文學、哲學、音樂爲基礎的文化認同，尙乏強烈的國家意識，法國大革命激勵啟發了德人的愛國思潮，普魯士乃致力團結已粗備國家雛形的「德意志邦聯」。「維也納會議」成爲普奧國力消長的分水嶺，普魯士嶄露頭角，取代奧地利在德意志城邦的地位。

圖一　日耳曼神聖羅馬帝國

普魯士崛起，「德國問題」於焉產生。德國史學家蓋斯（Imanuel Geiss）一言以蔽：「德國問題」就是德國的「權力問題」。（Geiss 1988: 61）德國位處歐陸中央，其中大小城邦勢單力弱，成爲強權逐鹿中歐、相互制衡的緩衝地帶，藉以維持歐洲的權力平衡。當擁有兩千萬人口，實力雄厚的「德意志邦聯」日趨統一強大，歐洲的權力平衡即遭撼動。歐洲傳統強權（如西、英、法、俄）地屬歐陸邊陲，其勢力擴張不致直接威脅到他國利益；德國與十國相鄰，其國土擴增必然招惹鄰邦的戒懼或反抗。綜言之，德國六世紀以來一直是歐洲權力平衡的犧牲品；「維也納會議」後國力茁壯，由「權力的眞空地帶」(power vacuum) 變爲「權力的核心地帶」(power center) 之後，歐洲自無可避免的淪爲其強權下的犧牲品。

## 第二節　一八七一年前的歐洲秩序

「維也納會議」刻意強化了四個保守反動國家（英、俄、奥、普）的勢力，四國於會後成立「四強聯盟」(Quadruple Alliance)，防範法國再度稱霸歐陸，並期遏止法國大革命所掀起的自由思想在歐蔓延，以維持各國王室的穩固和歐洲現狀。「維也納會議」及「四強聯盟」初爲反法勢力而設計，後因俄國勢力日張，遂於一八一八年邀法國加盟，締結「歐洲協盟」，以外交談判、國際會議、尊重條約及遵循國際法規等方式，共同維繫歐洲領土及政治體系的現狀，並建立了列強化解危機、追求和平的共識，導引歐洲國家經歷民心思變、暗潮洶湧的新時代。

「歐洲協盟」的創意源自於權力平衡的觀念。歐洲權力平衡的功能係在歐洲國協（European Commonwealth）架構下，各國共存共榮，維持既有疆土現狀及政治穩定，防範任何一國實力遽增，稱霸全歐。倘某國意圖稱霸，其餘國家乃結盟干預，迫之放棄野心，重建國際秩序。（Gulick: 3-91）

十八世紀以來，英、法、奧、俄、普五強雄立，歐洲權力維持平衡，迨至十九世紀初期，權力平衡的鐵律漸生變化：㈠權力平衡的最高宗旨本在「和平」，但列強往往爲維持國力和疆域的「現狀」（status quo）而輕啟戰端，如此本末倒置，「現狀」反較「和平」爲重要，權力平衡卽成爲歐洲戰禍之源。（Bull: 107）㈡工業革命以來科技進步，以傳統的偵察技術不易精確評估各國國力虛實，時有失算。侵略國的錯估適足以助長野心，刺激他國，而導致武器競賽之緊張局勢。（Little: 89-91, Gellman: 175-6）㈢歐洲秩序的維繫貴在各國對基督教文明的認同，然法國大革命後，意識型態使列強行爲逾越歷史常軌。例如：國家主義造成德意志、盎格魯薩克森、斯拉夫民族勢力的對立；殖民地主義刺激列強的惡性競爭；自由思想激勵各國人民對當權者挑戰，並加深民主國家與集權國家間的鴻溝，歐洲國家固有的羣體意識因而剝落。（Claude: 80, 84）

英國一向自認是歐洲權力的平衡者，因其偏處海島，足以自衛，進可干預歐事，同時因英國在歐陸無擴張野心，足堪扮演仲裁者的角色。但十九世紀以來，軍事科技昌明，海峽已非絕對天險；英國因殖民地及海外市場與法、俄、德經常交惡，其仲裁地位不再爲他國信賴；英國殖民地戰事日多，武力分散全球，捉襟見肘，因此封鎖歐陸有餘，但抗衡德國不足，歐洲無一超然有力的平衡者和仲裁者，秩序終告潰亂。（Michael Sheehan: 129）

然而，歐洲秩序的崩潰非一朝一夕之事，「維也納會議」所重建的權力平衡和協盟精神，仍爲歐陸維持近一個世紀的粗安。「權力平衡」與「歐洲協盟」乃一體兩面，前者是列強維持歐洲現有體制的「目的」；後者是列強化解危機，確保和平的「手段」，兩者互爲體用。「歐洲協盟」並非具體盟約，而是列強外交合作的集體規範（group norm），運用國際會議排解衝突，使權力平衡制度化，輔以各國王室的姻親關係及白人文明的優越感，列強得能在革命洪流及殖民地的爭奪戰下克制歧見，將不可避免的戰事局部化（如普法、義奧之爭），或約制在歐洲以外地區進行（如克里米亞戰爭），以免歐洲秩序急速崩潰。

柯拉克（Ian Clark）稱：自克里米亞戰爭（一八五四—五六年）後，權力平衡便無以爲繼，協盟精神亦告式微。從一八五六年至第一次世界大戰爆發之間的歐洲是「平衡無協盟」；兩次大戰間則是「協盟無平衡」。（Clark: 112-67）綜言之，德國勢力的竄升，破壞了歐洲的國家體系（state system），更動搖了「白人的團結」（White Solidarity）。無論是「平衡無協盟」或是「協盟無平衡」，所維繫者皆只是暫時的和平假象，最終皆以大戰收場。

## 第三節　德國統一

傳統上，普魯士與奧國互爲勁敵，又與法國有爭疆奪土的世仇宿怨，故德國統一勢必遭逢奧法的阻力。

奧國王室統治「神聖羅馬帝國」長達三百餘年，向以德意志城邦的保護者自居，惟十九世紀以來，顢頇僵化的奧匈帝國未能肆應工業革命及法國大革命後的政、經、社會變遷，加以境內德意志、馬札兒及斯拉夫民族抗爭不斷，國勢江河日下。「維也納會議」規劃奧匈帝國西控法國，東扼俄國，無疑是高估了此一老大王朝的實力。反觀普魯士工業化雖較英法爲晚，但發展神速，非特烈大帝所創的陸軍歷經改制，力戰經營，時至威廉一世（Wilhelm I）已是全歐最現代化的武力，令英、法、俄不敢輕覷。

克里米亞戰爭爲德國帶來契機：俄國新敗，無力干涉普魯士的統一大業，俄國又因怨恨奧國協助英法，而與奧國疏遠，故增加普魯士的反奧聲勢。奧國雖曾助英法，但前此投機觀望，心懷兩端，爲英國所輕鄙，英國轉而支持普國。

威廉一世之所以能統一德國當歸功於俾斯麥（Otto von Bismarck）。俾氏於一八六二年出任普國首相，倡導鐵血政策，大力推動普國工業化及軍事化。其時奧國日弱，普魯士於一八三四年成立「關稅同盟」（"Zollverein", or customs union），拒奧參加，但奧國在德語諸邦之中，猶具威信，俾氏深知如欲統一，與奧之戰勢不可免，乃於一八六四年聯奧攻丹，奪取北德兩邦，藉此團結德人一致對外；又獨占此二邦與奧齟齬，積不相容，暗與法俄達成協議，取得其中立承諾，一八六六年對奧宣戰，在克城（Koeniggraetz）兩軍交綏，粉碎了奧國稱霸「德意志邦聯」之舊夢，俾氏因而奠定普魯士在邦聯的領導地位，並致力改造邦聯爲一中央集權的行政實體。

普魯士克奧之後，南德諸邦對普國仍未翕服，俾氏期藉外力迫其來歸。其時法王拿破崙三世因俾氏失信，未讓與萊茵區、盧森堡及比利時，做爲法國在普奧戰役保持中立的報酬，至爲怨恨，重兵壓境，欲索三地。俾氏深知法國爲大患，遂以外交手腕取得英、俄、義默喻，同時在國內醜詆法王，激發德人仇法情緒，普軍於一八七〇年色當（Sedan）一役攻堅摧銳，大敗法軍。翌年普法簽約，法國割讓路易十四所奪之阿爾薩斯及洛林兩省（Alsace-Loraine）予普，並賠償巨款。藉著軍事勝利，威廉一世在巴黎凡爾賽宮加冕，肇建「第二

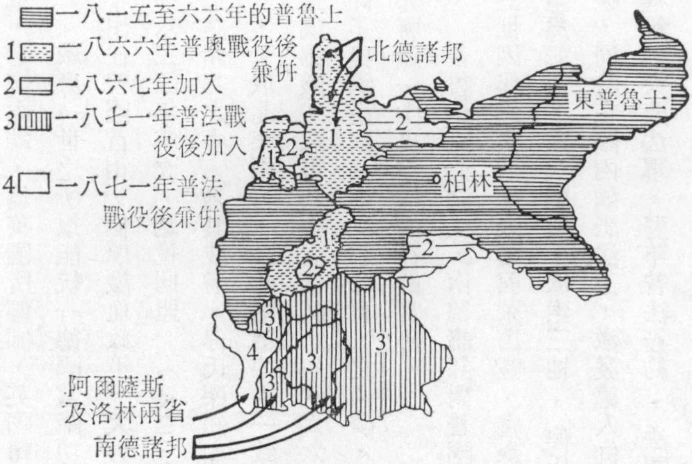


圖二　第二帝國的建立（一八一五至七一年）

帝國」（Second Reich），而俾斯麥則被任命爲首相兼外長，包攬國政。所謂「第二帝國」意指賡續「神聖羅馬帝國」的新王朝。（見圖二）

俾斯麥視奧匈帝國爲屏擋東境斯拉夫民族對「第二帝國」威脅的緩衝區，德奧同文同種，面對俄國勢力有河山襟帶、唇齒相依的共存關係，故不願在敗奧後逼其割地賠款，使之衰弱瓦解；又因奧匈帝國種族紛爭難解，且人民多信奉天主教，若兼併之，對以基督新教（Protestantism）爲主的「第二帝國」不僅無益，反徒增內部整合的困擾。（Holborn: 45）

俾斯麥於一八六四年聯奧攻丹，一八六六年聯法克奧，一八七〇年聯義勝法，運籌帷幄，以武功智謀在短短七年完成統一大業，洵爲「第二帝國」開國第一功臣。俾氏有「鐵血宰相」之稱，但其以三役統一德國，嚴重破壞歐洲權力平衡，隨時有遭受列強結盟圍攻的危機，如無陰騭權詐的外交謀略，徒有鐵血，適足以失人僨事。

史學家批評俾斯麥對法之戰後過於嚴苛，使德法不睦，而長久困擾歐洲秩序，至爲不智。(Albrecht-Carrie: 14) 惟法國民族自尊心強，稱霸歐陸夢想迄未幻滅，色當一役斷非論定兩國優劣勝負的決戰，俾氏之所以迫法割讓阿、洛兩省，係因其位在德法邊境，具戰略價值，可防法之復仇反攻。(Holborn: 45) 割地賠款加深法對德之積怨，可使新歸附的德國城邦(尤其是南德諸邦)因畏法而接受普國翼護以自保。(Bridge & Bullen: 108) 俾氏認爲一個外交孤立的法國不足畏，德法如修好，法國此一天主教國家恐將號召信奉天主教的南德諸邦及奧匈帝國，共同反抗普魯士，致使「第二帝國」分裂(Bagdasarian: 39)，故普王在法京加冕，旨在羞辱法國，使德法關係無從復合。

# 第二章　德國與兩次世界大戰

## 第一節　俾斯麥的同盟體系

早在德國統一前，普國有識之士對新國家未來的型態卽有激烈的爭議，有人贊同普魯士與奧國王朝的一千餘萬德意志民族(卽不含匈牙利境內的馬札兒人)合治全德之「大德國論」("Grossdeutschland")；有人主張普魯士接受奧匈帝國的領導地位，但普魯士享有自治權之「大奧地利論」("Grossoesterreich")；亦有人倡言排除奧匈勢力，德意志城邦自成一國之「小德國論」("Kleindeutschland")。德國統一後，俾氏一改鐵血作風，外交政策轉趨溫和節制，持盈保泰，力主「小德國論」，建國方針旨在「鞏固哈恩佐倫王室在普魯士的權威、加強普魯士在德國的主導地位，以及德國在全歐外交的影響力」(Simon: 76)，聲稱「德國已飽和了」(Germany is satiated)，認爲德國國土發展已至極限，不應另圖擴張。

**【誠實的掮客】**

俾斯麥深知德國西南城邦因宗教及地域背景與普魯士迥異，對之無強固的向心力；德國工業化雖晚，後來居上，社會問題突現；德國當時總人口的七％爲法語、波蘭語、丹麥語、立陶宛語及其他少數民族，散居各地，甚難融合。（James: 89）如遇外交挫敗或軍事失利，民心動搖，「第二帝國」恐將崩潰，故綏靖邊境乃德國謀求內部整合的先決條件。此外，德國統一幾令歐洲勢力失衡，英俄勢難坐視德國進一步的擴張。俄國以「德國兼併阿、洛兩省」爲其容忍的界限（Coolidge: 160）；英國固支持德意志民族的自覺運動，然仍以「德國不得發展爲海上強權，危及英國至印度洋之海道」爲限（Hildebrand: 18），而對德國勢力的擴展嚴加戒備。俾斯麥稱：「德國的外交基本政策，在於建立一個容忍德國存在的歐洲秩序，並防範其他強國結盟抗德。」（Hillgruber 1981: 3）故其對於「延緩德國與其他列強的衝突」（Calleo 1978: 9）居功至偉。

俾斯麥於一八七〇至九〇年的首相任內，在列強間縱橫捭闔，廣結善緣，使柏林取代巴黎、維也納、倫敦成爲國際會議中心；他更以「誠實的掮客」（honest broker）自居，睥睨羣雄，成爲歐洲新的權力平衡者。

俾斯麥「掮客」的角色在一八七〇年代爲列強所肯定，其因在於：㈠英國與法俄因殖民地問題交惡，又面臨美國海權的競爭，對歐事抱持趨避的態度，樂見德國充任中介角色。(Hildebrand: 9) ㈡俾氏只求鞏固國內團結，不圖破壞歐洲領土的現狀。他雖兼併阿、洛兩省，對法國並無野心；另對日益衰弱，岌岌不可自保的奧匈、土耳其兩帝國盡力扶持，抗拒俄國的鯨吞蠶食。(Taylor: 167) ㈢俾氏外交雖以「反法」爲體，「聯奧、聯俄」爲用，但其與奧俄所成立的「三皇同盟」("Dreikaiserbund") 只是防禦性、鬆散式的盟約，未威脅他國。(Bridge & Bullen: 120-1) ㈣俾氏堅決反對德人向海外擴張，認爲爭奪殖民地所獲經濟利益有限，只徒增與他國的磨擦機會；且保護海外殖民地，須有強大海軍，德國建立海權勢遭英國敵視，故在殖民地主義方熾之時，俾氏一直盡力置身事外。(Holborn: 53)

**【德國同盟體系的建立】**

俄國於一八七七年俄土戰役後，企圖染指土耳其所控制的博斯普魯斯及達達尼爾二海峽(按：該二海峽爲黑海進出地中海的咽喉)，英、法、奧擬出兵干預，大戰一觸即發，俾斯麥出面調停，在翌年「柏林會議」(Congress of Berlin) 力阻俄國野心，並維持歐洲和平。該會議爲俾氏偉大的外交成就，但卻開罪在普奧、普法兩役一直維持表面中立，實際上對普友善的俄國，影響德俄關係至深。

德國安全體系建立於「外交孤立法國，使之不能與他國結盟」的前提下，然「柏林會議」後，奧國依賴德國制俄日殷，令德國進退維谷：德國爲防範俄國在其東境擴張，必須助奧；德國如助奧，德俄嫌隙將愈深；德俄如交惡，俄法聯手，德國將面臨兩面戰爭，腹背受敵，有被瓜分之虞。有鑒於此，俾斯麥力展連橫之術，化解困境，密訂「德奧盟約」（一八七九年）、「德、奧、俄三皇同盟」（一八八一年續盟）、「德、奧、義地中海協約」（一八八一年）及「德俄協約」（一八八七年），形成一個以德國爲核心的反法同盟體系（alliance system），將列強串連在鞏固德國安全的網絡中，以單向密約將利益相左的國家（如俄奧、奧義、英俄）納入其反法集團，並且以盟主姿態協調列強在歐洲以外的衝突。此一代表俾氏勳業顛峰的同盟體系是德國版的歐洲權力平衡，亦是德國外交藝術的極致。

俾斯麥避免與英衝突，但也從未認眞爭取與之結盟，因他不信任民主政治，認爲英國的國會監督無法保證其外交政策的持續一致；又恐因與英密切往返，英式民主將蠱惑德人推翻普魯士獨大的集權制度；英國爲海權國家，德國若遭法俄夾擊，英之援手不能濟急，非德國結盟的理想對象。德國雖未積極參與全球殖民地的瓜分，卻亟思利用列強殖民地的衝突，圖收漁翁之利。俾氏藉英法在非洲之爭端聯法制英，以期法人忘卻阿、洛兩省的失土；又藉英俄在中亞及遠東之嫌隙企圖聯英制俄，以遏止俄國勢力在中東及地中海地區擴張。英國厭惡俾氏左右逢源、投機現實的外交伎倆，惟因俾氏尚知節制，且在殖民地問題上，法俄對英國威脅較大，使英德尚維持非敵非友的關係。

俾斯麥在位時期是歐洲政、經、社會的轉型期，加以帝國主義興盛，列強爭奪殖民地競爭激烈，時局阢隉不安，其同盟體系不僅確保了德國安全，更維持了歐洲秩序，其撥亂反正之功與奧相梅特涅（Klemens von Metternich）的「維也納會議」相較遑不多讓。

俾斯麥雖是一個現實主義者，但對君主集權制度極爲執著，視民主、自由、民族主義等新思想如洪水猛獸，此乃俾氏對時代潮流的盲點，限制其外交上的發展空間甚大，亦是其同盟體系未能爲歐洲維持長久和平的主因。俾氏同盟體系明顯「重東（俄奧）輕西（英法）」，俄奧同爲德國戰略上不可或缺的盟邦，而被其勉強撮合。俾氏期望三國共有的君主集權制度能降低彼此衝突，以維持「三皇同盟」的團結。然而俄奧在意識型態的共通性，根本無法消弭其在巴爾幹半島及土耳其屬地的爭執，俾氏在外交上的努力不過是拖延德國在俄奧之間做一抉擇，因爲兩者擇一終必危及德國安全。赫德布朗（Klaus Hildebrand）評道：「俾斯麥深知他不能創造一個永久性的安全體系，他所能做的只是拖延或暫時排解一場不可避免的大戰。」（Hildebrand: 69）

## 第二節　威廉二世及第一次大戰

威廉一世於一八八八年以高齡駕崩，其子菲特烈三世繼位數日後病逝，威廉二世（菲特烈三世之長子）遂以而立之年登基。新皇與權傾當朝的俾斯麥素不洽睦，遂令之辭職，並將其外交政策易弦更張，為期二十年的俾斯麥時代結束。

**【威廉二世的世界政策】**

德國在普丹戰役後強取北德兩邦，並獲北海的優良海港及制航權；在普法戰役後占領阿、洛兩省重工業區，實力大增。惟俾斯麥頗知約制，力排眾議，反對擴充殖民地及發展海軍，避免與英、法、俄衝突，防止「七年戰爭」列強兩面攻德的惡夢重現，以免導致亡國之恨。然威廉二世即位後，倡言「世界政策」（"Weltpolitik", or world policy），即其他強權正如火如荼的在全球各地展開的帝國主義，頓時引起列強激烈反彈，歐洲權力平衡頓失。〔見表一至表四〕

威廉二世醉心於「世界政策」固與其好大喜功的個性有關，但此亦得溯自德國當時的社會經濟背景。

十九世紀帝國主義的形成，主因在於歐洲國家的工業急速進步及人口遽增。「第二帝

【表一】歐洲列強第一次大戰前之本土人口對照表

單位：百萬人

| | 一八七〇 | 一八八〇 | 一八九〇 | 一九〇〇 | 一九一〇 | 一九一四 |
|---|---|---|---|---|---|---|
| 奧匈帝國 | 三六 | 三七 | 四一 | 四五 | 四九 | 五二 |
| 法國 | 三六 | 三七 | 三八 | 三九 | 三九 | 三九 |
| 德國 | 四〇 | 四三 | 四九 | 五六 | 六四 | 六五 |
| 英國 | 三一 | 三五 | 三八 | 四一 | 四五 | 四五 |
| 義大利 | 二七 | 二八 | 三〇 | 三二 | 三五 | 三七 |
| 俄國 | 八二 | 九三 | 一一〇 | 一三三 | 一六三 | 一七一 |

資料來源：DePorte: 12

【表二】歐洲列強第一次大戰前軍事總支出之對照表

單位：百萬美元

| 國別＼年份 | 一八七〇 | 一八八〇 | 一八九〇 | 一九〇〇 | 一九一〇 | 一九一四 |
|---|---|---|---|---|---|---|
| 奧匈帝國 | 四一 | 六六 | 六四 | 六八 | 八七 | 一八二 |
| 法國 | 一一〇 | 一五七 | 一八六 | 二一二 | 二六二 | 二八七 |
| 德國 | 五四 | 一〇二 | 一四四 | 二〇五 | 三〇七 | 五五四 |
| 英國 | 一一六 | 一二六 | 一五七 | 二五三 | 三四〇 | 三八四 |
| 義大利 | 三九 | 五〇 | 七九 | 七八 | 一二三 | 一四一 |
| 俄國 | 一一〇 | 一四八 | 一四五 | 二〇四 | 三一二 | 四四一 |

資料來源：DePorte: 11

【表三】歐洲列強第一次大戰前冶鐵量之對照表

單位：百萬噸

| 國別＼年份 | 一八八〇 | 一八九〇 | 一九〇〇 | 一九一〇 | 一九一三 |
|---|---|---|---|---|---|
| 奧匈帝國 | 〇・四六 | 〇・九七 | 一・四六 | 二・〇一 | 二・三八 |
| 法國 | 一・七三 | 一・九六 | 二・七一 | 四・〇四 | 五・二一 |
| 德國 | 二・四七 | 四・一〇 | 七・五五 | 一三・一一 | 一六・七六 |
| 英國 | 七・八七 | 八・〇三 | 九・一〇 | 一〇・一七 | 一〇・四二 |
| 義大利 | 〇・〇二 | 〇・〇一 | 〇・〇二 | 〇・三六 | 〇・四三 |
| 俄國 | 〇・四七 | 一・〇 | 三・二 | 三・四 | 五・一 |

資料來源：DePorte: 11

【表四】歐洲列強第一次大戰前鍛鋼量之對照表

單位：百萬噸

| 國別＼年份 | 一八八○ | 一八九○ | 一九○○ | 一九一○ | 一九一三 |
|---|---|---|---|---|---|
| 奧匈帝國 | ○・二二 | ○・五二 | 一・一七 | 二・一七 | 二・六一 |
| 法國 | ○・三九 | ○・六八 | 一・五七 | 三・四一 | 四・六九 |
| 德國 | ○・七三 | 二・一四 | 六・四六 | 一三・一○ | 一七・六○ |
| 英國 | 一・三二 | 三・六四 | 四・九八 | 六・四八 | 七・七九 |
| 義大利 | | | ○・一四 | ○・七三 | ○・九三 |
| 俄國 | | ○・四 | 一・五 | 三・四八 | 四・八三 |

資料來源：DePorte: 11

國」自建國以來至第一次大戰爆發前，鋼鐵產量增加逾十倍；工業生產量增加六倍（英國僅兩倍、法國三倍），人口則由四千萬增至近六千五百萬，其中除約三百多萬移居北美外，淨增約二千萬人口。其間工業人口增加約一成，失業人口激增逾一千兩百萬（Braun: 19, Berghahn: 3），加上城市人口增加，社會問題嚴重，治絲益棼。拓展殖民地及開闢海外市場，無疑是德國政府紓解人口壓力及社會問題之利器。

工業革命前，德國的社會衝突多來自於地主及農民的對立，但急遽的工業化則形成農工衝突。大蕭條最嚴重的一年（一八七九年），俾斯麥以保護主義政策結合農民抵制俄國穀物傾銷；結合工商業抗拒英國廉價工業產品，以保障德國新興工業，農工聯盟成爲俾氏整合德國社會的最佳方式。（Geiss 1976: 15）一八九○年代德國經濟復甦，自由貿易興起，帝國主義代替了保護主義凝聚農工利益的功能。工業化衍生的種種問題令社會主義在德國中下階層大受歡迎，德國政府期藉「世界政策」宣揚國威，爭取羣眾，打壓社會主義。（Calleo 1978: 21, Geiss 1976: 78）

**【世界政策的限制】**

威廉二世的「世界政策」是在一八八七年強占中國膠州灣，進據青島爲始。三年後，威廉二世又藉中國義和團之亂派瓦德西將軍(Georg von Waldersee)率八國聯軍敉平「黃禍」，企圖瓜分中國。德國野心爲美、英、俄、日所阻而未果。威廉二世乃主張以德英聯盟爲主幹，以德國「關稅同盟」爲模式，與法、奧、匈、義成立一個「歐洲合眾國」（a United States of Europe），對抗美俄，然未獲英國支持。德國即斥資修築巴格達鐵路，將其影響力從中歐向東貫穿至中亞地區，以建立橫亙歐亞的內陸霸權，與英美海權國家一爭長短。此外，威廉二世尚擬兼併葡、比、荷在中南部非洲的殖民地，建立「德意志中非帝國」。

帝國主義被歐人自詡爲「白種人的負擔」，此一巧取豪奪的勾當本非新奇，然在德人手中實行起來，「雖未較英、法、俄更不道德，但卻笨拙、危險、不易成功，且易犯眾怒」（Mann: 40）。憑藉著德國的人口、軍事和經濟實力，「第二帝國」足可發展成爲與英俄拮抗的殖民地強國。但不似另一新興強權美國，位在加拿大及墨西哥兩個友好國家之間，幅員廣袤，發展不受限制，德國備受英俄掣肘，擴張無望；美國資源富饒，自給自足，而德國人多地狹，物產不豐，經濟仰賴外貿；加以德國工業化太晚，全球可資剝削的殖民地已被其他歐洲國家瓜分殆盡，故德人推展帝國主義實有身非其地，時不我予之歎。

「德國本無意稱霸歐陸，只期在現有的國際體系，爭得與英俄分庭抗禮的地位，並藉克勝奧法的餘威，取代日漸沒落的英國勢力」（Dehio: 232-4）。德國帝國主義之所以「笨拙、危險」，就是其長期遭受他國歧視壓抑，而產生的自卑感所致。威廉二世時期主戰頗力的德國海軍大將繆勒（Georg Alexander von Mueller）曾說：「我們『世界政策』的最高指導原則就是『圓滿達成目標，否則就玉石俱焚』。爲此，我們應義無反顧的傾全國之力，開啟大戰，否則我們只有自甘淪爲歐陸蕞爾小邦了。」（Geiss 1976: 82）當時的德國陸軍部長弗根海恩（Erich von Falkenhayn）亦曾謂：「即使大戰帶來毀滅，也是一件美事。」（James: 10）正是這種壯烈求全的自殺心理，催迫德國君臣在「戰」與「和」之間無法尋得折衷之道。

「第二帝國」權力膨脹，舊有的歐洲體系已不容於它，迫使其將眼光投注全球，希望將列強權力競賽置於世界體系的架構上，將舊有的歐洲權力平衡擴充成爲歐（以德英爲首）美抗衡；只有如此提昇，德國才有發展的空間。惟德國欲與美國一分天下，必先獲得英國的支持，因爲英國是唯一可以與美國對抗的海權國家。然「臥榻之旁，豈容他人鼾睡」？英國維多利亞女王全盛時期雖逝，「日不落國」雄風猶在，尚由不得德國挑釁。德國不甘雌伏，積極擴充軍備，發展海軍，逾越英國多年來容忍德國的界限，種下兩國交惡之肇因。

**【史利芬計畫】**

強大的戰鬪艦隊是歐洲強權的表徵，且德國外貿總額在十九世紀初期已有超越英國之勢（Braun: 22），德國經濟依賴外貿漸重，確需強大海軍保護海外市場及航運線。威廉二世視海軍競賽爲德英爭霸的勝負關鍵，強大戰艦可嚇阻英國干預德國霸業，加以德國鋼鐵業的利益團體大力遊說，推波助瀾之下，「第二帝國」海軍日益壯大，其艘數、噸位、火力裝備等在一九二〇年可望凌駕英國，成爲全歐最現代化的海權強國。（Geiss 1976: 79）德國之舉令英國惶惶不安，因俄法充其量只會危及英國在地中海地區赴印度洋之航路，或其遠洋殖民地，而德國興建北海艦隊，則嚴重威脅英國本土海域的安全。德國勢燄甚張，堅拒妥協，激起英國的反德情緒。

威廉二世的外交政策建立在一種假設之下：「英國分別與俄法殖民地爭執不休，迫切需要德國聲援，故將主動要求與德結盟，或同意在德俄衝突時保持中立」（Hillgruber 1981: 4）。然而，歐洲各國的殖民地爭奪戰在二十世紀初期已告入尾聲，列強注意力均轉回歐洲事務，尤以英國爲然。英國先後解決與法俄在殖民地問題的爭端，不可能接受德國要脅而結盟，德國稱霸歐洲已絕望。但德國若與俄友好，尚能維持強權地位，然德俄關係因商業競爭而惡化，俄法在一八九一年簽訂盟約，德國兩面戰爭之威脅迫在眉睫。

德國參謀總長許利芬將軍（Alfred von Schlieffen）奉命擬就作戰計畫：戰事一起，德國以閃電戰術征服比法兩國後，再藉鐵路系統迅速回師在東境集結，與奧軍會師，一舉擊潰未及全面動員的俄軍。德國期以「許利芬計畫」先發制人，彌補其地緣、軍隊數量、作戰持續力之劣勢，但該計畫使歐洲各國劍拔弩張，形勢旦夕可變。

**【邁向戰爭之路】**

一九〇五年日俄戰爭結束，俄國大敗，此爲歐洲局勢逆轉的起點：㈠德國自是輕俄，深信可以外交手段壓迫法俄解盟，但在翌年「摩洛哥危機」中，德國不僅未能逼使法國就範，反而引來外交孤立的羞辱，因此德國外交官求榮反辱，因而失勢，主戰武將當道，積極備戰。㈡英國鑒於俄國新敗，不足以抗衡德國，爲維持歐陸權力平衡，乃於一九〇七年與法俄結盟。俄國本無力抗德，現既有英國爲後盾，對德姿態轉硬，德俄和解無望。㈢俄國在遠東擴張失利，轉向巴爾幹半島發展，並覬覦土耳其二海峽，德國對巴爾幹半島亦有所圖，且正積極協助土耳其軍事現代化，儼然視之爲附庸，德俄衝突情勢與日俱增。

「維也納會議」建立的「歐洲協盟」精神早在第一次大戰前十年間摧殘無遺。列強對峙的情勢在日俄戰爭後業已形成，兩個軍事集團壁壘分明，牢不可破。俾斯麥雖是十九世紀末歐洲軍事結盟的始作俑者，但其同盟體系與第一次大戰前的歐洲同盟體系，在性質與功能上大不相同：㈠前者是鬆散式的防禦盟約，其成員國尚擁有相當的外交彈性；後者攻守同盟，非友卽敵，在外交上已無轉圜可能，其間亦無權力平衡之仲裁者，遇衝突則無從化解。(Hildebrand: 91, Ross: 1) ㈡前者因德國無稱霸意圖，列強追求的是「政治權力的平衡」及「相對的安全感」；後者因德國表露稱霸野心，列強進行武器競賽，所追求的是「軍事力量的平衡」及「絕對的安全感」。(Hildebrand: 98) (三)前者認爲戰爭猶可避免，殖民地爭奪戰雖熾烈，但文職外交官仍甚自制，未思將戰火引至歐陸；後者則認爲戰爭遲早將發生，積極備戰，軍人及民意唯恐天下不亂，居中鼓譟，終將各國推向戰爭邊緣。(Clark: 136, Hillgruber 1981: 5)

**【大戰的爆發】**

第一次大戰是奧匈帝國與巴爾幹小國塞爾維亞 (Serbia) 爭奪今之南斯拉夫境內的兩省而引發的。奧塞兩國分別是德俄的附庸國，其間衝突乃是德意志及斯拉夫二民族長期對抗的表面化。一九一四年六月奧國王儲菲迪南 (Franz Ferdinand) 遇刺後，危機昇高，奧國是德國唯一可靠的盟邦，此時德國對奧勉予撐腰，但其保證卻給奧國錯誤的暗示，認爲可以放手一搏，姿態強硬，二軍事集團在外交斡旋失敗後遂展開爲時四年的大戰。與德奧同盟的國家僅土耳其及保加利亞，和英、法、俄同一戰線者則有二十九國。

「第二帝國」在戰前政出多門，莫衷一是，不但君臣之間及文武官之間，是戰是和，歧見紛紜，海陸軍在戰略上亦爭議不休，舉棋不定。威廉二世雖然一意稱霸歐洲，然德國海軍戰力不如英軍，且陸軍兵力執行「史利芬計畫」心餘力絀，大戰開啟不久便陷於聯軍的消耗戰中。大戰期間，德國以「無限制潛艇」政策擊沈美國商船，德國外長齊默曼（Arthur Zimmermann）密謀策動墨西哥反美，刺激美國參戰，加速德國的潰敗。

**【德國的戰爭責任】**

德法史學家在戰後根據史料斷言：一八九一年「俄法同盟」令德國備感威脅，德國雖隨時準備向俄法攤牌，可是卻無意發動全面戰爭，並論稱：「(在歐戰中)沒有一國可以指控另一國是侵略國，因爲每一國皆甘冒戰爭，以維持其同盟體系的安全及確保自身軍事優勢。」（Corbett: 158-62）布蘭登堡（Erich Brandenburg）評道：「吾人可指責德國戰前外交的短視躁進、搖擺不定，但不可稱德人嗜戰，因爲德國倘果眞有意發動大戰，日俄戰爭之後當爲最好時機。」（Brandenburg: 518）

費依（Sidney B. Fay）將第一次大戰的起因歸納爲五項：列強密結盟約、各國主戰氣氛濃厚、各國民族主義高漲、帝國主義的作祟，以及報紙煽動民意。費依認爲戰前各國均有所圖：塞國企圖統一散居在巴爾幹半島的塞爾維亞民族，奧國企圖打擊境內少數民族，並維持其王朝的尊嚴，俄國企圖併呑土耳其二海峽，德國企圖挽救德奧同盟外交孤立的頹勢，法國企圖報普法戰爭的一箭之仇，英國則企圖打擊德國的軍國主義，並解除德國海軍所造成的威脅，故上述所有國家理應分攤戰爭責任。（Fay: 34-49, 547）

儘管將戰爭罪過諉卸予德國有失公允，但德國的勢力膨脹確是權力失衡的主因，故就現實政治觀點，其於戰後被迫割地賠款自是意料中事。柯拉克稱：「德國向『大英盛世』(Pax Britannica) 挑戰本無大錯，只是強權有先到後到之分，後來者膽敢挑戰，只有承擔擾亂既定秩序的罪名了。」(Clark: 142-43)

## 第三節　史崔瑟曼、希特勒與第二次大戰

一九一八年底，德國同意依美國總統威爾遜 (Woodrow Wilson) 所提「十四點計畫」的原則進行和談。不久，德國北海艦隊叛變，各大城共黨份子藉機謀反，威廉二世棄位出奔荷蘭，「第二帝國」結束。「威瑪共和」(Weimar Republic) 於一九一九年成立，並在巴黎與戰勝國簽訂「凡爾賽和約」(Versailles Treaty)。(按：威瑪為戰後德國民主立憲地，首都仍在柏林。)「威瑪共和」於一九三三年為希特勒 (Adolf Hitler) 解體，其間十四年的歐洲情勢波譎詭密，爾虞我詐，被史家稱為「虛假的穩定」和「和平的幻象」。

### 【凡爾賽和約與德國】

英國經濟學家凱恩斯 (John M. Keynes) 曾代表英國參與「凡爾賽和約」之談判，對和約對德嚴苛，至為義憤，翌年出版名著《和約的經濟惡果》，痛斥英法扼抑德國的戰後生

機，並企圖扭轉歷史時鐘至一八七〇年「法強德弱」的局面，並批評「凡爾賽和約」爲「既不正當，亦不可行」。（Keynes: 36）

根據「凡爾賽和約」，德國割讓戰前三・五%的領土（六萬五千平方公里），十%的人口（近七百萬人）及所有海外殖民地，所喪失的土地是原可耕地的十五%，以及蘊藏原鐵礦產量的七五%。（Braun: 33）德國交出軍艦、商船，以及所有軍用物資予聯軍，阿、洛兩省割予法國，薩爾區（Saarland）交予「國際聯盟」（League of Nations，簡稱「國聯」）代管，萊茵區（Rhineland）解除武裝，暫爲聯軍占領，德國西界從此門戶洞開，稍有異動，聯軍即可長驅直入，兵臨柏林，影響國防甚鉅。〔見圖三〕然德國的損失只是相對於其本身戰前實力而論，與戰勝國（除美日外）相較，德國反而仍具稱霸的潛力。德國戰後人口僅次蘇聯，超出英法人口甚多；工業設施及運輸系統的損失亦較法俄爲輕，故其戰後工業生產及鋼鐵產品分別超出英法近兩倍。（DePorte: 29-30）東南歐戰後根據民族自決原則被劃分爲諸多小國，奧匈帝國瓦解，俄國甫經革命，內部權力尚待整合，皆無力再逐鹿此權力舊地，而該地區德人爲數甚眾（如捷克四分之一的人口講德語），授予德國染指的良機。大戰期間，德軍以攻爲守，英法受創甚鉅，後因西線戰況膠著，消耗更大，而德國因征占羅馬尼亞及歐俄的資源，補充西線的耗損，國力復元較英法爲速。（Weinberg: 258）

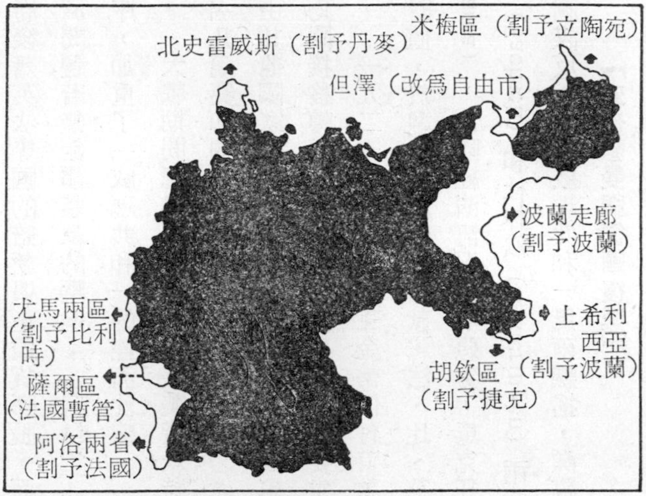


圖三　兩次大戰期間的德國（一九一九至三七年）

大戰後期德國西南防線已被聯軍突破，法國有意以威瑟河（Weser River）將德國分裂爲二，此建議爲威爾遜以有違民族自決原則而予拒絕。倘德國在第一次大戰後就遭分裂，西部德國將受英法約制，實踐民主，而俄國當時國力甚弱，尚無力赤化東德，如此安排，或能維持歐洲的權力平衡，爲世界免除另一場浩劫。

**【威瑪共和的經濟危機】**

戰勝國對戰敗國的基本處置方式不外割地賠款，而今割地既無法削弱德國實力，故只有索取賠款一途。兵燹之餘，德國農工產量銳減，經濟情況本不樂觀；對聯軍所占領的西部工業區無法徵收關稅，爲其財政稅收一大漏卮；德國喪失海外市場，對其外貿導向的經濟是個重創。德國戰時軍費高昂，銀根緊縮，貨幣供給遽增，原盼戰勝後藉英法等國的賠款遏止通貨膨脹，而今德國戰敗，就必須自承通貨膨脹的惡果。這些經濟問題若無鉅額賠款的壓迫，尚可逐一解決，但天文數字的賠款破壞了德國戰後的金融秩序，加重了「威瑪共和」的經濟沈疴。

大戰期間德奧對手國依賴英美貸款持續戰力，戰後無力償付，均期以德國賠款來還債。「凡爾賽和約」規定德國賠款爲三二〇億美元，其中五二%予法國，二二%予英國，餘款則由其他國家分配。（按：美國未派代表參與討論賠款事宜，而美國是最大債權國，德國賠款均間接移轉至美國，故美國未向德國要求賠款。）

一九二一年德國以馬克金幣償付首款二億五千萬美元後，造成國內通貨膨脹，德幣大幅貶值，於翌年宣布停付賠款，法、比、英以德國存心賴債，出兵占領魯爾重工業區（Ruhr area），德國經濟情況更形惡劣，馬克狂跌。其時，萊茵區在法國慫恿下倡言獨立；薩克森（Sachsen）和杜林額（Thueringen）兩邦的共黨份子俟機鼓動革命；巴伐利亞的納粹黨亦圖謀反叛，「威瑪共和」風雨飄搖，瀕臨解體。

**【史崔瑟曼與德國復興】**

值此危急存亡之秋，史崔瑟曼（Gustav Stresemann）擔任德國首相百日，外長六年，力挽狂瀾。史氏是一個國家主義者，捍衛德意志民族的利益不遺餘力，其近期目標在於收復在「凡爾賽和約」所喪之領土，如「波蘭走廊」（Polish Corridor）、上希利西亞（Upper Silesia）、萊茵區等地，遠期目標則爲整合散居東南歐的德語人民，建立以德國爲軸心的歐陸政經共同體。

與俾斯麥相同，史崔瑟曼處於一個國家主義昂揚，列強環伺的險惡環境，兩人深識時務，長於權術，且皆遵守協盟精神，以和平方式追求德國的安全。惟俾氏賴德皇寵信，得以摒擋國內反對勢力；而史氏居於一個從君主集權邁向政黨民主的更替時代，必須面對暗潮洶湧的政爭。俾氏的「第二帝國」是新興強國，軍事和經濟實力雄厚，而史氏的「威瑪共和」是戰敗國，經濟凋弊，軍力孱弱，兩者可資運用的權力資本相差懸殊，不可同日而語。俾氏聲稱「德國勢力已飽和了」，但史氏卻信誓旦旦要恢復戰前故土；俾氏的外交政策是「重東（俄）輕西（英法）」，史氏的外交重點則爭取美、英、法的善意，俄國退居次要地位。

史崔瑟曼在其百日首相任內完成幣制改革，穩定金融，復於一九二四年與戰勝國簽署「達威計畫」（Dawes Plan），以「德國賠款予英法等戰勝國，後者藉此償付美國戰時債務，美國再對德國挹注資金及貸款，以穩定其償債能力」的循環方式，減輕財政重荷，穩定經濟秩序。根據「達威計畫」，德國於一九二四至二九年間償付八十五億馬克的賠款，卻獲總額一三五億馬克的外國投資及借款（主要來自美國）（Braun: 45），經濟得以復甦。此時德國工業產量每年以七・九%之速增長，經濟成長率爲四%，德人重返國際市場，信心大振，故此期間號稱德國的「黃金二〇年代」。

【德法戰後關係】

法國在半個世紀中兩次遭德國入侵，經驗慘痛，戰後急於解決其安全問題。但因戰後英美均採孤立主義，不願過問歐陸事務，不願與法結盟。「國聯」徒有集體安全（collective security）之美意，並無強制性的法律權力和武力，法國頗思將「國聯」轉變爲一個「維護歐洲現狀的軍事集團」（Holborn: 125），並圖建立「自英吉利海峽起，經黑海南下至多瑙河的防德安全體系」（Franklin: 15），然未獲英美支持。法國只好在賠款問題上對德國百般刁難，藉口久據魯爾區，並與比利時、波蘭、捷克、南斯拉夫及羅馬尼亞結盟防德。法國的防禦聯盟只聊備一格，了無大用，因其盟邦皆非大國，不足抗衡德國，且法比在德國之西，波捷等國在德國之東，德國若進犯任何一方，另一方皆不可能甘捋虎鬚，予以馳援。

法國政府戰後防德甚嚴，但民意卻傾向與德和解，因法國占領魯爾區，當地德國工人的消極抵抗，致使德法經濟兩敗俱傷；法人厭戰，普遍反對與德衝突升高。德法政府雖持續冷戰，但雙方民間企業（以重工業爲尤）互補性甚高，頗盼兩國關係解凍，增進經濟合作。此外，英美對法國久據魯爾區，至不諒解，史崔瑟曼則趁機博取英美同情，反制法國，法國鑒於內外壓力，對德態度趨軟。

史崔瑟曼固反對「凡爾賽和約」的合法性，但知德國力弱，悍然毀約必遭更大的損失，故主張履行賠款義務，以和平方式恢復德國權益。國內激進人士對之大力抨擊，指其喪權辱國，史氏雖身處危疑，引以爲苦，但頗能因勢利用此反對勢力，要脅西方國家對德寬容，以免德國內亂爆發，無力償付賠款。

**【婁巴洛條約與羅加諾公約】**

一九一七年德俄交戰正酣，德國密送列寧（V. I. Lenin）返俄，列寧旋以「十月革命」成立蘇維埃政權。列寧奪權後仍續抗德，企圖聯合西方國家的社會主義者共促停戰。列寧忘恩負義，德軍直入俄境，迫之乞降，德俄於一九一八年在布城（Brest-Litovsk）簽署和約。蘇聯割讓芬蘭、俄屬波蘭、波羅的海三邦及烏克蘭予德國，並割讓若干土地予土耳其，蘇聯喪失四分之一的領土與人口。有人認爲「布城條約」失地多爲列寧新政權鞭長未及之處，不算嚴苛（Kennan 1960: 44），然「布城條約」具體實現了德國「中歐政策」（"Mitteleuropa-politik"）的理想，因而成爲日後德國侵略者的野心指標，亦爲德蘇關係投下揮之不去的歷史陰影。

蘇聯戰前與英法結盟制德，後因蘇維埃政府單獨求和，德國得以移全力至西線，使西方國家蒙受損失。列寧視歐戰為沙皇的帝國主義戰爭，拒償積欠英美之戰債，加以俄共戰後悍然將西方企業家在俄投資的產業充歸國營，西方國家對蘇聯至為厭惡，故未外交承認列寧政權，亦未邀蘇聯參與「凡爾賽會議」。然而，俄國在戰爭期間傷亡人數較任何一參戰國為大，物資損失亦甚慘重。戰後芬蘭及波羅的海三邦各自宣布獨立，波蘭則在西方列強的支持下復國，蘇聯只從戰敗的德國手中收復烏克蘭一地，蘇聯將此歸咎於西方國家，並力圖推翻「凡爾賽和約」，以索失土。

蘇聯與極力爭取外援的德國「同病相憐」，德俄又因波蘭問題「同仇敵愾」。波蘭位居德俄之間，十八世紀以來，曾四度遭德、俄、奧瓜分亡國。睽諸史實，波蘭一被瓜分，德俄毗鄰，利益直接衝突，兩國關係不睦；反之，每當波蘭獨立復興，成為德俄之間的緩衝國，則「瓜分波蘭」成為德俄之共同目標，兩國的合作關係於焉建立。

一九二二年，歐洲各國於「熱內亞會議」(Genoa Conference) 共商戰後經濟秩序的重建，德俄遭刻意輕慢，決意聯手突破外交孤立，私自簽署「婁巴洛條約」(Rapallo Treaty)，德方同意外交承認蘇聯，放棄追討德人在蘇被充歸國營的產業；俄方正式放棄向德要求賠款，並加強經貿關係。該約之後，德俄軍方締結密約，進行軍事合作。蘇聯密准德國在俄設立兵工廠，研製新式戰機和坦克；德國則協助蘇聯訓練紅軍，改良武器。拉奎爾（Walter Laqueur）認爲：若無「婁巴洛條約」，德國不可能在戰後十年重建武力，做爲日後對外擴張的本錢。（Laqueur: 143）

「婁巴洛條約」後，西方國家對德國轉附蘇聯至感震驚，唯恐德俄共同推翻「凡爾賽會議」所建立的歐洲秩序，亦擔憂德國受俄共影響而赤化。西方國家乃一改對德國倨傲排擠的態度，積極爭取德國重返民主陣營。史崔瑟曼對俄共本無好感，對德蘇同盟之經濟效益亦未抱太大期望，但認爲「東進政策」（"Ostpolitik," or Eastern Policy）可予德國私植武力，充實國力的機會，在外交上亦可制衡西方國家，以免其對德予取予求。（Bretton: 18）

一九二四年，「國聯」偵知德國秘密建軍，違反和約規定，延緩聯軍自萊茵區撤出的期限，擬在德設立永久性監控站，法國並提議加強「國聯」對德之控管。史崔瑟曼被迫與法修好，以免不利情勢繼續惡化。史氏保證「凡爾賽和約」所劃定的德西邊界不變，正式宣布放棄割予法國的阿、洛兩省，以及割予比利時的尤馬兩區（Eupen-Malmedy），並承諾萊茵區永久非軍事化。英、法、德、比、義、捷、波七國於一九二五年簽署「羅加諾公約」（Locarno Pact），共同保障德、法、比邊界的現狀。該公約是史氏外交生涯的最高成就，與法國外長布里昂（Aristide Briand）於翌年共獲諾貝爾和平獎。

「斐巴諾條約」是德國首次無視西方國家反應，逕與蘇聯締結的合作協定，「羅加諾公約」則是德國一八七一年統一後，首度給予西方國家的和平承諾，二約分別被視為德國日後「東進政策」和「西向政策」(“Westpolitik,” or Western Policy) 的代名詞。

「羅加諾公約」給予當代歐洲人和平的喜訊，但卻被後代史家評為「姑息主義的先驅」。其因在於㈠「羅加諾公約」為德國取得英法撤離萊茵區的承諾，恢復德國領土主權，英法放棄以「國聯」名義監控德國武力發展，從此德國猶若猛虎出柙，無法箝制。㈡英國認為「羅加諾公約」已可滿足法國安全要求，在外交上不再刻意偏袒法國，故對德國極其寬容。㈢德國在「羅加諾會議」堅拒保證與捷波邊界不變，而英法默許之，不啻鼓勵德國向東取回失地。㈣「羅加諾公約」同意德國加入「國聯」，「國聯」旨在維護「凡爾賽和約」所建立的領土現狀為宗旨，而德國力圖收復東境失土，德國的加入無疑破壞了「國聯」成立的初衷。

**【戰後的歐洲秩序】**

「凡爾賽和約」的失敗種下第一次大戰後的亂源。一八一五年「維也納會議」是舊式外交的代表，以鞏固君權為宗旨，主持會議者為王公貴胄，當時民智未開，民意及民族自決非重整秩序的考慮，權力平衡被奉為圭臬。反觀一九一九年「凡爾賽和約」的新式外交下，王權式微，昔日權力平衡的原則棄如敝屣，該和約考量者不再是傳統的權力分配，而是充斥仇恨報復的民意及假道學的民族自決。柯拉克綜論：「維也納會議」以貴族政治爲背景；「凡爾賽和約」是民眾政治的寫照，前者以權力爲依歸；後者以正義及道德爲理想，前者呈現國力現實；後者反映虛矯短暫的治世假象。因此，「維也納會議」能粗略維持歐洲大約五百年的秩序，而「凡爾賽和約」只粉飾了十五年的太平。（Clark: 153-6）

「國聯」乃「凡爾賽和約」的產物，「集體安全」代替「權力平衡」爲維持歐洲秩序的基石，但終歸崩潰：「權力平衡」重在競爭，「集體安全」重在合作，但美國未參加「國聯」，英國消極支持「國聯」，德蘇念念不忘推翻戰後的新秩序，對「國聯」寄以厚望者僅法國而已，舊日「歐洲協盟」的合作精神蕩然無存。另外，戰後列強過於迷信民族自決，奧匈帝國的瓦解造成歐洲的權力眞空，許多小國勉以同文同種的原則建立，但其經濟條件皆不足自立，且彼此多有宿怨，缺乏奧匈帝國家長式的統治，衝突頻仍，民族自決的美意反而成爲煽動民族仇恨、經濟惡性競爭的主因，亦係「國聯」的致命打擊。

第一次大戰後，亞、非、拉殖民地開始謀求獨立，成爲時局紛爭的根源之一，但「國聯」基本上是一個「歐洲人俱樂部」（Marks: 29），「國聯」成員國最高達六十三個，在歐洲者近半數。「國聯」眞正關注的僅歐洲事務，在日本侵略中國及義大利侵略衣索比亞後，暴露其白種人自私優越及弱肉強食的本質，終至失敗。

史崔瑟曼於一九二五年力促法國自魯爾工業區撤軍，德國工業生產力大增；聯軍分期撤離萊茵區，德國西線國防從此強固，攻守有據。史氏於一九二九年英年早逝，翌年，聯軍悉數撤出萊茵區，德國與戰勝國簽署「楊格計畫」（Young Plan），規定利於德國償付賠款的方式（一九三二年因世界經濟大蕭條停付），並取消外國政府對德國財政的管制。德國於一九二六年進入「國聯」，由一個戰敗國提升成為一個獨立自主的國家，國力發展之速凌駕英法。法國深識敵盛我餒，退至法德邊界，修築「馬奇諾防線」（Maginot Line），從此法國對德政策轉趨消極，附隨英國採行姑息政策。

史崔瑟曼早逝，史家無法論斷他對歐洲秩序之功過，史氏以「和平的歐洲人」自許，他雖和平守約，以「羅加諾公約」保證與比法疆界不變，但他縱容軍方在蘇重建武力，以恢復東境失土為職志，故其外交成就終為希特勒征占歐洲的軍事行動大開方便之門。史氏倘若天假以年，再多主持德國外交大政五至十年，是否會成為另一個希特勒；或希特勒因他而無崛起的機會，都是耐人尋味，但無從解答的問題。

**【威瑪共和的政治危機】**

自德國立國以來，其社會結構以易北河（Elbe River）為界概分為二：東部德國係普魯士之基督新教、集權主義為主的農業社會，西部德國則為西南各邦之天主教、自由主義為主的工業社會，其間意識型態及經濟利益的分裂對立，因工業革命而愈演愈烈。東西德的涇渭分明，充分反映在宗教信仰、政黨政治、經濟型態、對外關係之上：東部德國傾向維護農民利益，朝東歐內陸發展，並認同俄式集權體制；西部德國則傾向維護工商業新興勢力，朝海外市場發展，崇尚英法國會民主。（Geiss 1988: 71-72）「威瑪共和」時期德國社會的兩極化未曾改善，兩極勢力成爲農工商既得利益集團的右派及呼籲社會改革的左派，其間尚有失意政客、軍人及復辟派俟機而動。

希特勒的興起是德國歷史上悲劇性的湊巧，有人將之歸咎於「凡爾賽和約」對德過苛的待遇，有人歸因於德國社會結構長久不健全的發展，亦有人則怪罪於「威瑪共和」政治制度的缺失，其實上述問題的嚴重性如不是集中在世界經濟大蕭條（一九二九—三二年）一併浮現，德國主政者當可仍利用時局的粗安逐一克服，爭取人民對既有政體的支持。但經濟危機觸發了德人對「凡爾賽和約」賠款問題的隱痛，使德國社會兩極化更加尖銳，黨同伐異，使野心者得以利用現有制度的缺陷陰謀奪權，令「威瑪共和」國本動搖，土崩瓦解。

「威瑪共和」被史家戲稱爲「無共和人的共和國」（republic without republicans），即謂戰後德國徒有民主政體，但民主理念卻未深植人心。「一九三〇年初，德國大多數民眾已不再戀棧威瑪政體，他們對未來政府體制各有各的想法」（Berghahn: 114）。經濟不景氣使德人激烈躁進，普遍認爲結束「威瑪共和」是解決當時政經問題的根本之道。但同樣遭遇大蕭條的英國人民未曾懷疑本國政體的合法性，而努力在既有體制下共謀突破難關。英德之間的差別在於：英國社會在工業革命後成功產生了支持現狀的中產階級；而德國社會在普魯士統治階層的壟斷下未產生廣大的中產階級，故易走偏鋒。

「第二帝國」是君主立憲，德皇對軍政大計有最後決定權，國會民主形同虛設。「威瑪憲法」唯恐德人頓失德皇，無所依從，乃設計普選總統一職，賦予其任免首相、解散國會、緊急處置等大權。「威瑪憲法」對總統、首相及國會權力的劃分，尚能維持三者的權力平衡：首相雖由總統任命，但須向國會負責；總統有權解散國會，國會亦有權罷黜總統；總統行使解散國會及緊急處分權須經首相之副署。然而，「威瑪憲法」規定各黨在全國大選總票數的〇・二%或任一地方選區獲得六萬張選票者，即可在國會分配一席，因而造成小黨林立的現象，任何一黨均難獲絕對多數票單獨執政，而須與他黨妥協組成聯合內閣。「威瑪共和」小黨林立及內閣更迭頻仍，不利於國會運作及施政效率。十四年間內閣重組共計二十一次（平均壽命八個月），更換十五位首相，影響政治穩定，亦使首相權力萎縮，總統頻用緊急處分權，應付政經亂局，國會亦無從節制，嚴重破壞憲法三角制衡的設計，民主精神備受斲傷。

一九二五年年近八十的興登堡（Paul von Hindenburg）當選總統，興氏是德國在歐戰後期的統帥，其當選代表復辟勢力抬頭，他於一九三三年二度當選時邀希特勒組閣。希特勒陰蓄異志已久，於一九二三年謀反不成，被捕入獄，獲釋後決心以合法方式奪權。興登堡及希特勒對共和政體皆非衷心支持，前者意在恢復普魯士集權體制及保守勢力，後者旨在建立納粹黨的極權統治，兩者同床異夢，但希望「威瑪共和」早日易幟的意圖並無二致，德國民主政體垂危。

經濟大蕭條給予風雨飄搖的「威瑪共和」致命一擊，亦爲包藏禍心的希特勒製造了奪權的良機。德國戰後經濟的復甦，得助於外貿導向的經濟政策及美國大量的貸款投資，然大蕭條使國際金融秩序大亂，華爾街股市崩盤，斬斷了德國經濟的活路。德國失業人口自一一〇萬人激增至五六〇萬人，工資減少了一六％，公職人員薪水則降低高達二八％，逾四〇％的勞動人口無工作可做。（Braun: 67, James Sheehan: 20）人民生計惡化，情緒焦躁，國會殿堂的政治鬪爭擴展至街頭巷口的遊行示威，黨軍械鬪，狂熱青年隨時願意爲自己的政治理念效死。一般民眾對威瑪政體多感失望，他們對爭執不休的國會辯論已感不耐，對動盪混亂的街頭運動亦覺驚心，他們需要的是強人領導。

**【希特勒的崛起】**

希特勒的政治理念見諸其獄中著作《我的奮鬪》（*Mein Kampf*），他反對共和政體、共產主義、「凡爾賽和約」，主張恢復戰後失土及重建軍備，他鄙視斯拉夫及猶太民族，認爲前者本質愚劣，阻隔德人在中歐發展「生存空間」（"Lebensraum"）；後者擾亂經濟安定、破壞社會團結，是「第二帝國」的寄生蟲。希特勒擅長宣傳戰及組織戰，其政治訴求頗能切中時弊，深入人心。納粹黨在一九二八年大選只獲二・六%的選票，在國會無足輕重，但在一九三三年大選激增爲四三・九%，成爲「威瑪共和」首次出現的多數大黨，希特勒出任「威瑪共和」第十五任（亦是最後一任）的首相，繼而改造全國行政機關，火燒國會，建立納粹一黨專政的極權政體，一九三四年興登堡死後，希特勒集總統及首相的權力於一身，成爲「第三帝國」的「領袖」（"Fuehrer"）。

希特勒因經濟大蕭條而竄起，故解決經濟低迷的困境成爲希特勒新政權之要務。一九三三年德國失業人口較前一年減少了三分之一，工業生產量則增加了六〇%。(Braun: 83, 91) 希特勒能在短期內解決失業問題，刺激經濟景氣，實得助於一九三二年全球經濟的復甦及其強力執行公共投資。更重要的，德國重建武力，軍事工業增產，且全面徵兵，有效動員全國勞工。

希特勒執政下，國家大部分資源用於整建軍備，德國人民生計並未見改善，但在國家主義的大纛下，惑於希特勒煽動性的演說，甘願為其軍國主義服務。但一九三七年德國已達充分就業，經濟發展邁向高原期，希特勒決心展開對外軍事擴張，以防止其個人魅力及納粹權威走下坡。希特勒在《我的奮鬥》一書寫道：「德國只能在『稱霸世界』及『自我毀滅』之間選擇一途。」此乃德國傳統的發展困局：經濟正常成長，工業人口激增，有限的農地不足養生，為政者若不有效解決此發展瓶頸，勢將危及其政權的穩固。對希特勒而言，鼓勵人口節育、增加國內耕地、採取外貿導向的經濟政策等方式，根本不予考慮，因此，向中歐擴展「生存空間」成為不二法門。(Calleo 1978: 88-9)

**【希特勒的中歐政策】**

「中歐政策」形成於威廉二世時期，「中歐」一詞泛指德國以東至烏拉山和北海至愛琴海之間的東南歐地區。德國在第一次大戰期間，因被聯軍海上封鎖而轉向東歐及歐俄進軍，一九一八年「布城條約」是德國「中歐政策」的具體實現。「中歐政策」對德人而言並非紙上談兵，而是昔日帝國的權力顛峰。就民族感情而言，戰後約有兩千萬的德語人口散居在奧、波、捷、波羅的海三邦、巴爾幹半島等地，令德人難以忘情；就經濟利益而言，東南歐為地狹人多、物產不豐的德國提供富饒的天然資源，德國的工業與東南歐的農業可建立互補關係；就地緣政治而言，東南歐的鐵路及河道，平時為德國舖設通往土耳其及中東的坦途，戰時既可做爲德國的縱深腹地，對抗英國海軍的封鎖，又可做爲國防緩衝地帶，以防蘇聯西進。

「中歐」（"Mitteleuropa"）一詞對德人向具吸引力，紐曼（Friedrich Naumann）於一九一五年出版的《中歐》一書及葛林（Hans Grimm）於一九二六年出版的《沒有生存空間的民族》（*Volk ohne Raum*）一書，均是探討「中歐」對德國的地緣重要性，分別成爲德國在兩次大戰之間的暢銷書。希特勒的侵略目標脫胎於威廉二世的「中歐政策」，因此菲雪（Fritz Fischer）認爲德國發動兩次大戰有明顯的關聯性，梅爾（Henry C. Meyer）亦在其《一八一五至一九四五年間德國的「中歐政策」與其實踐》一書論稱，「中歐政策」與德意志帝國命運密不可分，乃瞭解德國近代史的重要關鍵。（Meyer: 5）

一九三三至三九年間，德軍人數由十萬擴增至一百萬，但尚未具備發動全面戰爭的能力，希特勒以一連串試探性的行動爭取致勝的先機：一九三三年德國退出「國聯」，以免除西方國家對其重建武力的阻礙；一九三五年德國全面徵兵，並開始發展海軍；一九三六年德軍違反「凡爾賽和約」及「羅加諾公約」進駐非武裝的萊茵區，並在柏林舉辦奧運，炫耀國力；一九三七年與義日簽訂「軸心盟約」；一九三八年三月兼併奧地利，九月與英、法、義簽訂「慕尼黑協定」（Munich Agreement），獲允兼併捷克的德語蘇臺德區(Sudetenland)；一九三九年三月併吞捷克。

至一九三九年，希特勒已完成德國於戰後歷任首相所追求的復國理想，他若諳權力平衡之道，不覬覦非份，當可身名俱泰，永垂青史。然而，希特勒迷信德意志民族的優越感、達爾文弱肉強食的生態進化論，以及德國在第一次大戰的「中歐」殘夢，認爲德國只圖恢復一九一四年以前的失土至爲不智，因爲舊版圖無法保障德人的經濟需求和國防安全，唯有掠奪「中歐」，始可解除其地緣、經濟、安全、種族等方面的「緊身衣」。因此，希特勒規劃「歐洲種族新秩序」：「第三帝國」將發揚「神聖羅馬帝國」的歷史光榮，團結歐陸八千六百萬德語人口，並整合其政經體系，以南北歐及土耳其爲附庸，成立一個「牢不可破、自給自足的經濟帝國」，與英美及日本兩大經濟霸權三分天下。(Jacobsen 1984: 50)

希特勒深知英俄對德國稱霸歐陸的成敗具有決定性的影響。對於英國，他一直保持審愼的樂觀，認爲英國對東南歐的貿易額僅占其貿易總額的一%之微，英國對德國進取距倫敦遙遠的「中歐」，當不致像一九一四年對德國之取道比利時、進攻法國所感受的燃眉之急。甚者，希特勒篤信英國勢力日薄崦嵫，美國已漸取代其世界霸權，故英國對德國起而抗衡美國，理應樂觀其成。(Calleo 1978: 95)

**【英國的姑息政策】**

英國在第一次大戰慘勝，損失五・一%的人口，元氣大傷，乃廢止徵兵制，於一九三九年只擁有三十八萬兵力，其中三分之二戍守在海外殖民地，而德國備戰部隊七十三萬人，可動員高達三七〇萬的兵力。（Bell: 175, 189）英國戰後民氣低迷，對希特勒的擴張野心固所夙知，惟國會反戰，力主休養生息，武力重建緩慢。英國自忖其世界地位每況愈下，無力參與歐陸戰事，期藉姑息妥協的外交談判，以匡國防之不逮，一心屈就德國。

「慕尼黑協定」代表了英國三〇年代的姑息政策。英國認爲「凡爾賽和約」對德過苛，頗爲不義，盼能恢復德國的平等地位。英國不信任集體安全制度，並認爲「國聯」無法圍堵德國，而信奉權力平衡的鐵律，期助德國財經復甦，穩定歐洲的經濟秩序。又，英國戰後大敵是蘇聯，而非德國，英國普遍嫌惡共產主義，視德國爲中歐反共堡壘，希特勒本身反共，樂以抗蘇爲名在東歐坐大。

國內反戰情緒高漲、恢復德國合法權益、聯德抗蘇是英國姑息政策的三個現實考慮。洛克（William Rock）評道：英國的姑息政策用意本善，但卻嚴重犯了兩大錯誤，即英國政府不瞭解希特勒不知饜足的侵略本質，亦未認清有效的姑息應是建立在強大的國防上，反促希特勒投機倖進，得寸進尺。（Rock: 89）

「慕尼黑協定」後，德國兵不血刃占領捷克，希特勒得隴望蜀，不顧英國嚴重警告，揮軍侵入波蘭。希特勒原計在一九五〇年左右德國席捲東歐半壁後，才會與英法軍事衝突

(James: 144)，然他錯估英國姑息政策的極限。英國固默許德國以和平手段爭回在東歐的舊有領土，但絕不容許德國無限制擴張，破壞權力平衡；英國雖不甘心將世界霸主之位拱手讓予美國，然俟其無力抗德，仍須求助於美國。此外，希特勒殘迫猶太人，造成猶太裔英人促其政府對德採取強硬態度。故至一九四〇年英國鷹派的邱吉爾(Winston Churchill)上臺，一改前任首相之姑息政策，德英兩國即無妥協餘地。德國進取波蘭後，英法隨即對德宣戰，第二次大戰於焉展開。

**【德俄密約】**

希特勒對斯拉夫民族的鄙夷不下於對猶太人的程度。他認爲斯拉夫民族羼雜亞洲人劣等血統，非歐洲文明的子民；若無德人協助，斯拉夫民族尚無能力建立一個像樣的國家，因此德人對斯拉夫民族有開化教育之功。(Laqueur: 161-2) 希特勒反斯拉夫人的論點係爲「第三帝國」設計一個外在假想敵，以轉移內部對納粹極權統治之不滿，並爲德國在東南歐及歐俄掠奪「生存空間」之舉強作說辭。

希特勒一向反共，故其上臺後的德俄關係疏離，蘇聯未獲邀參加「慕尼黑協定」，關係更惡，兩國貿易總額滑至三〇年代的最低點。德國兼併捷克，謀取波蘭日亟，波蘭軍隊多於德軍，惟希特勒並不以爲意，只恐蘇波聯手，德國則難操勝算；英法兵援波蘭不足懼，只有蘇聯東來夾擊，德軍處境才堪憂慮。希特勒遂與蘇聯共黨總書記史達林（Josef Stalin）於一九三九年八月簽訂互不侵犯協定及附帶密約，翌年兩國進出口值陡然回升，較諸三〇年代的任何一年為高。

希特勒在「德蘇密約」中承允將波羅的海三邦、波蘭東半部、羅馬尼亞與蘇接壤的貝沙拉比亞省（Bessarabia）及芬蘭部分土地劃為蘇聯的勢力範圍；至於歐陸西半部（包括波蘭西半部），則歸德國所有。史達林同意在德國與第三國（指波蘭）交戰時保持中立，並允提供德國大量的原料物資，對德極盡討好之能事，因此「德蘇密約」被譏為史達林的「慕尼黑協定」。（Holborn: 160）史達林姑息希特勒的理由是：㈠史達林在一九三七至三八年整肅紅軍，不少優秀的高級軍官慘遭處決，紅軍戰力薄弱，無力與德一戰。㈡日本在中國東北、蒙古等地與蘇敵意昇高，史達林深恐遭德日兩面夾擊。㈢密約瓜分而得的東歐領土不僅有助史達林提高其國內威望，也可做為日後與德衝突的緩衝區。（Kennan 1960: 297-309）

「德蘇密約」前，史達林要脅英法承認其在東南歐的勢力範圍未成，乃與希特勒簽訂密約，鼓勵德國向西發展，俟德國與英法交戰兩敗俱傷之後，蘇聯可坐收漁人之利；並期密約能延緩德國攻蘇，以爭取蘇聯強化西線佈防的時間。然而，「德蘇密約」只維持德蘇之間二十一個月的和平，其間蘇聯西線固強化，但德國軍事工業產量及戰力的增進卻是蘇俄瞠乎其後。(Laqueur: 268) 一九四一年，希特勒調動三百萬大軍進攻蘇聯，此一輕啟兩面戰場，違犯兵家大忌之舉，令史達林錯愕不已。

希特勒發動大戰的最終目標在於兼併東南歐、歐俄，甚至西伯利亞。西線戰場因英國的頑強抵抗而膠著對峙，希特勒更視蘇聯如芒刺在背。蘇聯大力發展軍事工業，其工業生產力假以時日必將超越陷於久戰的德國；紅軍在波羅的海及羅馬尼亞北方的積極部署，對德國與北歐及巴爾幹半島的資源補給線構成莫大的威脅；日俄於一九四一年初簽訂互不侵犯條約，蘇聯東疆無後顧之憂，勢將與德放手一搏，更堅定希特勒東進攻蘇的意圖。此外，希特勒另闢蘇聯戰場在戰略上亦是必然之舉：㈠英俄正密洽聯盟，德國必須在英蘇結盟前攻蘇。㈡歐非戰場廣闊，德國戰力耗損極大，急需歐俄烏克蘭工業區及高加索油田的補給。㈢紅軍經過史達林大整肅，素質不如德軍甚遠，而德軍先後征服歐洲八國，士氣高昂可用。

希特勒估計可以兩週時日攻下莫斯科，然德蘇攻防戰拉鋸半年，紅軍傷亡逾半，歐俄四分之一的土地被德軍占領，但莫斯科卻因俄人堅守而久攻不下，美國一九四一年起以「租借法案」(Lend-Lease Acts) 資助蘇聯，希特勒東線戰場勝利無望。

**【希特勒的敗亡】**

卡利歐 (David Calleo) 評道：威廉二世以來，德國有意稱霸歐洲，但卻一直提不出類似法國革命思潮或美國自由貿易的意識型態，令歐人歸趨景從，希特勒狹隘的種族論調徒遭他國抗拒排斥，增加其稱霸的阻力。(Calleo 1978: 115-16)希特勒攻蘇失利，證實德國確不擅爲其稱霸之舉合理化（rationalize）及合法化（legitimize）：德軍當初以「反共十字軍」名義進軍歐俄，備受白俄羅斯、烏克蘭、波羅的海三邦等地的人民歡迎，但希特勒卻視之爲賤民，殘暴以待，迫其誓死反抗，而使德軍陷入幅員遼闊、隆冬漫漫的歐俄戰場不可自拔，希特勒稱霸歐陸的夢想則成泡影。

希特勒若能捐棄種族歧視，對種族複雜的俄共帝國或能摧枯拉朽，進而改變其體制。一個非共的蘇聯雖未必會長久安爲德國的附庸國，但至少不致與德國爲敵，德軍可從容由歐俄戰場抽回，固守西線，屆時縱有美國參戰，歐洲戰場鹿死誰手，仍難逆料。

希特勒影響德俄兩國二十世紀的命運既深且鉅，其敗亡令德意志帝國雄圖夢斷，壯志成灰，亦使蘇聯從亡國滅種的危機絕處逢生，取代德國在中歐的霸權。歐洲安全體系在德國兩度恣意破壞後功能失靈，權力平衡的傳統準則顯已不足爲約制德國野心的「緊箍咒」。歐人歷經兩次大戰無力自衛，均得仰承美國援助，一九四五年後蘇聯紅軍席捲東南歐，主宰全歐事務的重心自此轉至華盛頓及莫斯科，東西歐戰後對峙的情勢遂成爲美蘇兩超強抗衡的投影。

# 第三章　浴火重生的德國

## 第一節　「無條件投降」與"JCS 1067"

一九四三年一月，美國空軍首次對德國本土實施白晝空襲，德戰機已無力升空反抗。「第三帝國」勢力陡落，希特勒固稱霸歐洲無望，但盟軍勝利仍非近在咫尺。〔見圖四〕美國總統羅斯福（Franklin D. Roosevelt）與英相邱吉爾會商於摩洛哥卡薩布蘭加，要求軸心國「無條件投降」，宣稱同盟國在全面勝利前，拒與任何軸心國單獨和談，且同盟國有權決定軸心國戰後之命運。「無條件投降」乃記取第一次大戰教訓，可防止德蘇私自媾和，避免德國與英美求和後出爾反爾，且普魯士權力結構若非外力介入實施改造，其軍國主義無從根除，終必是歐洲大患。

**【英美歧見】**

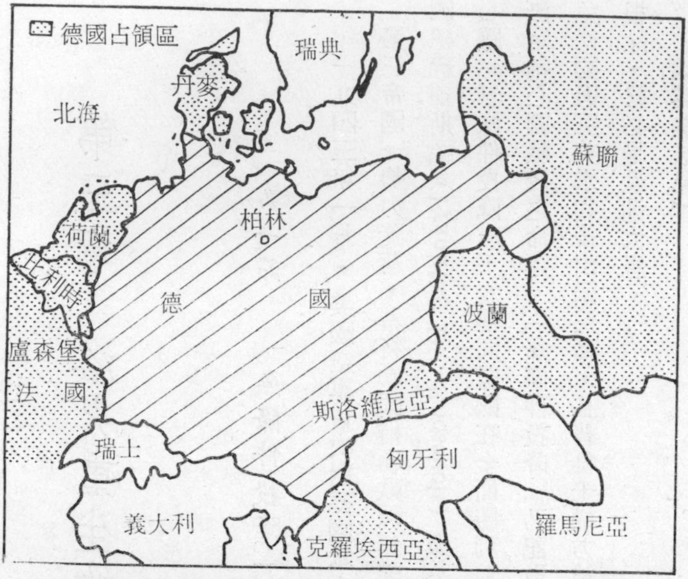


圖四　第二次大戰期間的德國（一九三八至四三年）

邱吉爾對「無條件投降」原則並非全盤接受，一因當時英軍正自西西里島登陸義大利半島，「無條件投降」原則將刺激義軍作困獸鬬，拖延英國反攻，反利於蘇聯向巴爾幹半島的擴張，另因邱氏認爲俄共將較納粹爲禍更大，戰後若徹底改變德國政經體質，令其貧窮衰弱，無力抗衡蘇聯，甚將被赤化。

羅斯福認爲蘇聯是戰勝德日的一大助力，美英不應與之失和；他鑒於「國聯」因無美俄加入而功能不彰，堅信「聯合國」構想之成敗端賴蘇聯是否積極參與；另他深恐戰後美國孤立主義復甦，美軍將不長駐歐洲，故對史達林懷柔示惠，爭取其合作善意。(Lieber: 37-8) 羅氏雖礙於「大西洋憲章」(Atlantic Charter) 所揭櫫的民族自決原則，未敢慨允史達林恢復「德蘇密約」下的蘇聯領土，但他相信蘇聯亟需「安全疆界」(secure borders)，並無意大事擴張，故對史達林的領土要求心存默喻。

邱吉爾信奉權力平衡，無法見容蘇聯勢力在歐陸過份膨脹；羅斯福則寄望戰後國際合作，盼以「聯合國」約束蘇聯。邱氏對共產主義至爲戒懼，戰時意藉德國之力削弱俄共，戰後協助法國茁壯，以遏止赤禍；羅氏對納粹之痛惡遠甚於共產主義，他同情蘇聯戰時的犧牲，以「租借法案」援蘇及承允開闢第二戰場，紓助俄人脫困。邱氏企圖承認蘇聯在東歐的勢力範圍，以交換史達林之承認英國在巴爾幹半島及地中海地區的勢力範圍；羅氏厭棄歐洲強權政治，力主門戶開放政策，積極促進全球自由貿易，合天下爲一。(Gaddis Smith: 17-9, 40-2, Berghahn: 183)

**【德國問題的爭議】**

羅斯福年少曾遊訪德國，對德國軍國主義印象惡劣，至不諒解德國在未足半世紀掀起兩次大戰，認爲德國人民理應與納粹罪魁共負責任，且深信嚴懲德國可以撫慰蘇聯的不安全感，並爭取史達林盟誼。「無條件投降」原則正顯示羅氏不擬寬宥德國的強硬立場。一九四三年十月美、英、蘇「莫斯科會議」研議戰敗國善後事宜，翌年九月，簽訂「倫敦草約」（London Protocol），同意恢復德國一九三七年的領土，「第三帝國」於該年以後侵占的奧、捷、波均將宣告獨立。該草約並劃定戰後美、英、蘇占領德國的區域：美軍占南部，英軍占西北部，俄軍占東北部，柏林則由三國共占。（按：西方占領區和蘇區的界線大致吻合德國西部工業和東部農業之傳統分野。）

邱吉爾的幕僚對德國問題的意見不一。主張分裂者認爲分裂德國可防止戰後蘇聯利用地緣之便控制全德，且分裂可削弱德國工業實力，其海外市場盡歸英國所有，有助英國經濟復興。反對分裂者認爲防止蘇聯稱霸中歐就應將整個德國納入防蘇安全體系，且分裂有礙德國工業復甦，不利於歐洲經濟秩序之重整，亦將拖累英國。邱氏於一九四三年底之「德黑蘭會議」（Tehran Conference）提議將普魯士自德國分割，其餘部分與奧匈組成邦聯，然未獲成議。

羅斯福的幕僚亦有主張和反對德國分裂者，前者以財政部長摩根索(Henry J. Morgenthau)爲主。猶太裔的摩氏堅信德國工業實力是其兩度爲禍歐洲的主因，解決德國問題的根本之道就是藉分裂使之非工業化，故建議魯爾區交由國際託管，薩爾區及萊茵區讓予法國，基爾運河（Kiel Canal）以北讓予丹麥，東普魯士及希利西亞分別讓予蘇聯及波蘭，其餘地區則分為農牧為主的南北兩大德人自治區。反對者認為「摩根索計畫」會刺激德人仇恨西方國家，使德國民主制度不易生根；經濟混亂將使德國民生凋弊，集權者有機可乘，共產主義亦將興起。

羅斯福本傾向分裂德國，曾在「德黑蘭會議」提議將德國支裂為五個小邦，復在一九四四年九月的美英「魁北克會議」（Quebec Conference）提出「摩根索計畫」，邱吉爾初表反對，羅氏對之誘以六十五億美元援款，邱氏乃同意。惟會後協議內容外洩，美國民情譁然，不利於羅氏競選連任，納粹宣傳部稱「摩根索計畫」為「亡國滅種的卑劣計畫」，號召德人死守祖國，羅氏只好放棄該計畫。然而，「摩根索計畫」的「德國四D化」除了分裂（dismemberment）外，另外三D，即解除武裝（disarmament）、根除納粹思想（denazification）和非工業化（deindustrialization）仍融入美國戰後對德占領區的最高行政訓令“JCS 1067”之中。該訓令開宗明義稱：「占領期間的德國當視為被征服的敵國，而非被解放的友邦。」

**【雅爾達會議】**

一九四五年二月的「雅爾達會議」（Yalta Conference）中，史達林堅持蘇聯取回「德蘇密約」後兼併的東部波蘭，另索德國波羅的海軍港克尼希斯堡（Koenigsberg）及其腹地

（卽東普魯士北半部），而割德國奧得河（Oder River）及東奈塞河（Eastern Neisse River）以東及東普魯士南部等地予波蘭。美英領袖表示同意，並達成協定，但對德波新國界（奧得河及東奈塞河）則持保留態度，認爲應待正式和約認定。三強重申「倫敦草約」有關德國占領區劃分之約定，惟邱吉爾鑒於俄軍日強，堅邀法國共同占領德國，美英劃分德國西南部爲法國占領區。

大戰末期，羅斯福反攻日本心切，故坐視史達林強占芬蘭、羅馬尼亞、波蘭部分領土，以及波羅的海三小邦等地。「雅爾達會議」結束不久，羅斯福去世，外交新手杜魯門（Harry S. Truman）繼任總統，蘇聯扶植波蘭共產政權，撲殺異己，史達林赤化東南歐之野心昭然若揭。紅軍在東線戰場貪恣橫暴，德國軍民奮力禦侮，紅軍攻勢頓挫；西方盟軍渡萊茵河後來居上，橫掃德國，先至易北河。其時紅軍甫陷東普魯士，圍攻柏林，邱吉爾對蘇厭惡益深，致電杜魯門稱「鐵幕已低垂於東南歐」，並建議美國推翻「雅爾達協定」，而以易北河爲界重劃西方盟軍與紅軍之占領區，摒擋紅軍在德勢力。（Churchill 6: 569）杜氏因「聯合國」成立仍需蘇聯支持，不宜與之絕裂，乃停兵易北河之西，將攻克柏林及逼死希特勒之首功拱手讓予蘇聯。

## 第二節　「波茨坦會議」後的德國

一九四五年五月八日德國投降，德國中央行政權暫由美、英、法、蘇接管。七月一日四國依據「倫敦草約」調整占領區，西方盟軍撤出易北河以西的蘇區，紅軍退出刧掠一空的西柏林。七月底杜魯門、邱吉爾、史達林會商於柏林近郊的波茨坦（Potsdam）。

**【波茨坦會議】**

「波茨坦會議」詳研「雅爾達協定」有關德國的處理原則，乃決定德國問題最具關鍵性的會議。德國因暫無中央政府，「波茨坦會議」的結果只是美、英、蘇（法國未參加）之間的「協定」（agreement），而非德國與戰勝國所簽訂之「和約」（peace treaty）。

在「波茨坦會議」中，美英堅持德國在占領期間仍應視爲「單一經濟實體」（a single economic unit），蘇聯表示放棄分裂德國之意圖，同意維持德國政經之完整性。四個占領國駐軍司令組成「聯軍管制委員會」（Allied Control Council）代行德國主權，並厲行德國的「新五D政策」：解除軍備（demilitarization）、根除納粹思想（denazification）、解散壟斷性的工業集團（decartelization）、行政體系分權化（decentralization）和民主化（democratization）。各占領區對區域性事務可自行裁決，但涉及全德事務則須共商決定，四強均享有否決權。

有關德波國界方面，「雅爾達協定」原為奧得河及「東」奈塞河，但在「波茨坦會議」中，史達林擅改奧得河及「西」奈塞河，並派兵強占，為其戰後第一個附庸國波蘭增添東西奈塞河之間的農業沃土，邱吉爾因西方占領區亟需糧食補給，堅拒史達林之請。「波茨坦會議」期間，英國大選結果揭曉，邱氏失利辭職，代以艾德禮（Clement Attlee），後者無意為已成定局的德波國界（卽奧得河及「西」奈塞河，簡稱奧、奈河）使英蘇關係惡化，故勉予認可。

「波茨坦會議」避而未提「倫敦草約」所稱「德國一九三七年的領土」，反確認「雅爾達協定」有關割讓德國領土的安排，德國因此喪失戰前四分之一的土地（其中割讓一萬三千餘平方公里予蘇；十萬零一千餘平方公里予波蘭）。但與會三強公認德國仍然存在，其疆界的變更須經德國新政府與美、英、法、蘇簽訂和約後，始可成立。然美、英、蘇在德國政府懸缺之際，擅自代為分疆裂土，在國際法理上已有破綻，亦為日後德波國界問題埋下伏筆。（見圖五）

「波茨坦會議」後，逾一千萬名散居在東普魯士、波蘭、捷克等地的德國人民被迫離棄家園，逃往德、奧及其他西方國家，途中凍餓死亡或被紅軍凌虐致死者，估計約兩百餘萬

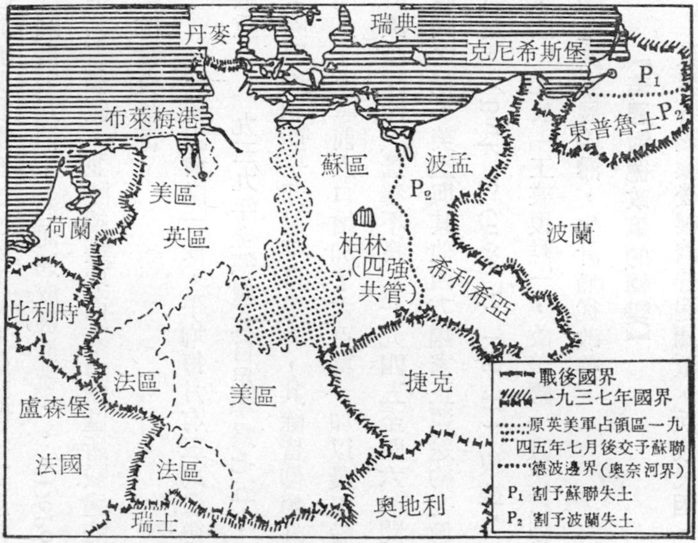


圖五　第二次大戰後的德國（一九四五至四九年）

人。(Bark & Gress 1: 38-39) 美英罔顧德人意願，迫其遷徙，不但違背「大西洋憲章」的民族自決精神，亦未嚴格督促蘇聯遵循「波茨坦會議」所決議的「以有秩序且人道的方式」遣送德國難民，而任其顛沛流離，慘死溝渠，實爲無可寬宥的罪過。

**【四強分占德國】**

基於「凡爾賽和約」教訓，美國在「波茨坦會議」力拒蘇聯要求德國償付總額兩百億美元賠款的提議，只同意蘇聯從其占領區搬遷所需的工業設備和產品，充作賠償。此外，蘇聯尚可獲得美、英、法在西方占領區所拆遷的工廠物資之二五%，其中十五%用以交換蘇區的能源和農產品。美方原期蘇聯戰後百廢待舉，西方占領國可以德西重工業區為餌，貫徹德國農工互補，進而達成經濟統一。(DePorte: 145) 但蘇聯於「波茨坦會議」後大肆搜括其占領區，並陸續獲取西方占領區所駁送的工業設備和產品，從未依約提供西方占領區急需的糧食能源。

「波茨坦會議」後，平均每月有三萬名德國難民湧向西方占領區，糧食及房舍短缺問題嚴重。一九三九年全德糧食自足率為七五%，一九四五年西方占領區的自足率未足六○%（除巴伐利亞一邦勉可自足外，其餘皆仰賴外國），一九四六年西方占領區的人口因難民潮湧入，較戰前人口增加了六百萬，加以農工設施摧毀殆盡，無從生產，逾一千萬名的德人陷於饑餓凍餒，營養不良。一九四五至四六年間，當蘇聯自蘇區掠奪了五億美元的工業設備和產品之際，美國與其他西方國家正運送約七億美元的糧食及物資至西方占領區，以解救德人飢荒。(Bark & Gress 1: 128-31) 根據 "JCS 1067"，「占領」重於「解放」，「工業索賠」先於「工業復甦」，故美國一直未積極支持重建德國，加上蘇聯和法國作梗，致使德國經濟發展停滯，生計無從改善。

**【美國對德政策的轉變】**

世界各國戰後經濟普遍凋敝，兵疲民困，國力未減反增者僅美國。美國於一九四五至四六年間的國民生產毛額占世界總數近半，一九四四年「布列頓森林會議」（Bretton Woods Conference）後，美國儼然成爲全球經濟秩序的守護神。然杜魯門一直未能將美國經濟優勢運用爲對蘇談判的有力籌碼，他雖曾以六〇億美元經建貸款勸誘蘇聯退出東歐，但史達林不爲所動，並拒絕參加「世界銀行」（World Bank）和「國際貨幣基金」（International Monetary Fund, IMF）。

甚者，蘇聯利用「波茨坦協定」在德進行「合法的打劫」，而卻將援德的重擔移嫁至美國：一九四五至四八年之間，西方占領區的七成進口貨品是外援物資，其中絕大部份是美援（Braun: 152）；一九四六至五三年之間的美援共計約三十六億美元，較一九二四至二八年之間美國貸款給予「威瑪共和」的十七億美元還多（Eric Smith: 29）；戰後德國獲自美、英、法之援款比率爲二九三：五三：一。（Wallich: 355）此不但違背「波茨坦協定」「不得使德人仰給於外援」的原則，且如此反復循環，美國不啻間接無償援蘇，美國人民爲此不滿，令正因內政問題大失民望的杜魯門雪上加霜。一九四六年初，美國駐莫斯科外交官暨首席蘇聯問題專家肯楠（George F. Kennan）在其「長篇電報」（Long Telegram）中，對蘇聯侵略擴張的本質及其赤化東歐的野心，提出警語，更令杜氏決意捨棄對蘇懷柔政策。

「波茨坦會議」後，蘇聯在其占領區實施土地改革和工業國有化，以鞏固共黨勢力。一九四六年初，德共「社會統一黨」（“Sozialistische Einheitspartei Deutschland”, SED，簡稱「社統黨」）成立，力行蘇維埃化。美國於一九五一年停止拆卸西方占領區之工業裝備，此前共獲價值十一億九千萬美元之裝備；蘇聯於一九五三年停止，所卸裝備價值約一一九億美元。（Braun: 149）

一九四六年九月美國國務卿拜勒斯（James F. Byrnes）之「史圖佳演說」（Stuttgart Speech）係美國政府對德政策的轉捩點。該演說內容包含要點有三：㈠德國人民有權主導其復國大計，以利歐洲經濟振興。㈡全德統一既暫無望，西方占領區宜率先成立德國臨時政府。㈢美軍爲確保西方占領區之復興，將不撤離德國。（Bark & Gress 1:177-8, Reed: 21）拜氏演說取代“JCS 1067”，德國從此在美國政策中由「被征服的敵國」變爲「被解放的友邦」。

## 第三節　德國的分裂

「德國的分裂是冷戰的結果，而非肇因」（DePorte: 147）。美蘇在「波茨坦會議」本無意瓜分德國，皆有以「一個統一、中立、非武裝的德國」作爲東西歐的緩衝區，並俟機將整個德國納入各自的陣營。（LaFeber: 75, DePorte: 148）惟一九四七年起美蘇交惡，衝突升高，不再輕言德國統一，而加強整治各占領區。同年，馬歇爾（George C. Marshall）繼拜勒斯出任國務卿，馬氏甫在中國調停國共之爭失敗，深知中國大陸赤化已無可避免，故對歐洲的重視較拜氏有過之而無不及。

**一九四七年**

一月　美英占領區合而爲一，名爲“Bizonia”。

三月　杜魯門以四億美元援助希臘和土耳其，以遏止該兩國赤化，並發表宣言，該宣言又稱「杜魯門主義」（Truman Doctrine）。

六月　㈠馬歇爾提具「歐洲復興計畫」（European Recovery Program），翌年三月，美國國會通過該計畫，四年內挹注西歐十二國（含德國西方占領區）計一二五億美元。（Lieber: 42）

㈡巴伐利亞邦長艾哈得（Hans Ehard）邀集西方占領區及蘇區所有邦長於慕尼黑，共商全德經濟大計。「慕尼黑邦長會議」爲戰後德人首次追求統一的努力，惟蘇區各邦長堅持先談政治統一問題，雙方各執一詞，無功而返。

㈢“Bizonia”九邦推舉代表，成立「經濟委員會」（“Wirtschaftsrat”），會址在法蘭克福，爲西德政府的前身。蘇區五邦隨即成立類似組織，並加強與西方占領區的進出管制，以爲對應。

七月 ㈠蘇聯外長莫羅多夫（Vyacheslav Molotov）宣布蘇聯拒絕參加「歐洲復興計畫」，並實施「莫羅多夫計畫」：成立「共產新聞總署」（COMINFORM）和「經濟互助理事會」（COMECON, or Council for Mutual Economic Assistance，簡稱「經互會」），加強蘇聯強化對東歐附庸國文宣控制及政經關係，東西歐分裂因而加深。「經互會」歐洲成員國爲蘇、東德、波、捷、匈、羅、保七國。

㈡肯楠於《外交事務季刊》（*Foreign Affairs*）匿名爲「X」發表專文，陳言蘇聯意在向世界各地擴張，美國應予抗衡，爲「圍堵政策」（containment policy）的先聲。

㈢美國正式廢止"JCS 1067"。

**一九四八年**

二月 ㈠蘇聯指揮捷克共黨發動流血政變，推翻民選的非共政府，並與東南歐國家簽訂友好條約，加強鐵幕統治；西方國家恐蹈姑息舊轍，亟思反制。

㈡美、英、法、荷、比、盧六國「倫敦會議」（London Conference），商議反蘇對策、西歐政經合作事宜和德國問題，並建議西方三個占領區成立德國臨時政府。

三月　㈠英、法、荷、比、盧五國代表集會於比京簽署「布魯塞爾共同防禦條約」(Brussels Treaty)，該約為前一年三月英法「敦克爾克盟約」(Treaty of Dunkirk) 之擴充。「敦」約旨在防德，「布」約轉為防蘇，係一年後成立的「北大西洋公約組織」之先驅。

㈡為抗議西方國家以「倫敦會議」及「布魯塞爾條約」聯合制蘇，蘇區司令退出「聯軍管制委員會」，此四強占領區共同行政機構被迫廢止。

四月　「歐洲復興計畫」執行機構「歐洲經濟合作組織」(Organization for European Economic Cooperation, OEEC) 在巴黎成立，致力西歐經貿合作，翌年十月西德獲准加入。該組織援助主要對象為英法，西德只獲全數十分之一，惟其協助西德重返國際社會，意義重大。(Hardach: 75-6)

六月　㈠美國參議院通過「范登堡決議案」(Vandenburg Resolution)，同意美國加入區域性集體安全組織。

㈡「經濟委員會」主席埃哈德 (Ludwig Erhard) 宣布貨幣改革，以西德馬克取代流通過多的舊幣，並取消糧食原料配給、價格、工資的管制，以抑止猖獗的黑市交易（按：此前西方占領區黑市交易占總生產值的六〇%，Bark & Gress 1: 199），並刺激市場機能，提振生產誘因。

㈢蘇聯封鎖西方占領區所有進出柏林和蘇區之陸運通道。史達林製造危機之因有三：抗議西方占領區的貨幣改革；阻撓西方國家在「倫敦會議」力謀西歐整合及成立西德政府之努力；阻絕西柏林之民生補給，逼迫西方國家撤離，以爭取東德勢力之完整。

㈣際此危機，美國占領區司令葛雷（Lucius D. Clay）聲稱：「（西）柏林若淪陷，西德將被赤化。吾人若仍決意在歐洲抗拒紅禍，就應堅守柏林。」(Berghahn: 209) 葛氏說服美英政府空運西柏林人民所需糧食、燃料及衣物（按：蘇聯戰後對西柏林對外陸運暢通的保證一向含混其詞，對西柏林的空運於一九四五年底與西方占領國協議開放三條空中走廊）。「柏林危機」持續一年，西方盟軍以二十七萬架次空運二三〇萬噸的物資供養兩百萬西柏林人的生計（Bart & Gress 1: 215），爲西方國家戰後首次展示其共禦民主自由的決心。

七月 ㈠「柏林危機」堅定了西方國家和德人建立西德政府之意，葛雷與英法司令出面邀集西方占領區所有邦長於法蘭克福，正式提出「倫敦會議」的建議。德方代表深知成立西德政府的迫切性，遂表接受。

㈡美國依據「范登堡決議案」，在華府與「布魯塞爾條約」六國和加拿大共議北大西洋地區防禦事宜，此為「華府安全會談」(Washington Security Talks)。

九月 西方占領區各邦及西柏林推派代表於波昂組成「國會籌備會」("Parlamentarischer Rat")，草擬臨時憲法，該籌備會捨「憲法」一詞不用，而採「基本法」("Grundgesetz", or Basic Law)。蘇區成立「德國人民大會」("Deutscher Volkskongress")，以與西方占領區的「國會籌備會」抗衡。

**一九四九年**

三月 「華府安全會談」與會國邀丹、挪、冰島、義、葡參加。

四月 ㈠「華府安全會談」結束，與會十二國簽署成立「北大西洋公約組織」(North Atlantic Treaty Organization, NATO，簡稱「北約」)，一九五二年設總部於巴黎。蘇聯於一九五五年在西德加入「北約」之際，成立「華沙公約組織」(Warsaw Pact Treaty Organization，簡稱「華約」)，成員國為「經互會」所屬七國。阿爾巴尼亞原為「華約」成員國，後於一九六二年退出。

㈡美、英、法在華府決議通過「聯軍占領條款」(Allied Occupation Statute)，准許西方占領區的德人建立臨時政府，三占領區駐軍司令的職責將轉交文職「自治區行政長官」(high commissioner)，對其軍事、外交、外貿、制憲行使最後決定權。西德於一九五五年五月「占領條款」廢止前仍非主權國家。

㈢法國占領區(除薩爾區外)與"Bizonia"合併，成爲"Trizonia"。薩爾區於一九五六年以公民投票重歸德國版圖。

五月 「國會籌備會」通過「基本法」，西方占領區司令核可後，「德意志聯邦共和國」("Bundesrepublik Deutschland", BRD，簡稱西德)誕生。同時，蘇聯解除西柏林的陸運封鎖。

九月 豪斯(Theodor Heuss)當選西德第一任總統，艾德諾(Konrad Adenauer)爲首任首相。因西德仍爲被占領國，其對外關係由美、英、法「自治區行政長官」決行，未設外長一職，由首相兼任。艾氏當選時年七十三，出掌西德內政外交長達十四年(一九四九—六三年)，其首相任期與「威瑪共和」壽命同長。

十月 蘇區宣布成立「德意志民主共和國」("Deutsche Demokratische Republik", DDR，簡稱東德)。

十一月「國會籌備會」捨國際大城法蘭克福而定都波昂，其因在後者爲中型城市，地處僻靜，以顯示西德政府的「暫時性」。該會並採用「威瑪共和」的黑、紅、金黃三色國旗爲國旗。（按：該三色依序爲德國傳統三政黨「基民黨」、「社民黨」和「自民黨」的代表色。）

# 第四章　西德的民主化

## 第一節　德國的民主化

德國與十國爲鄰，又位居政治體制、經濟結構，及意識型態截然不同的東西歐之間，此一「中央之國」（"Land der Mitte"）游走於英、法、俄之中，自成一格，且自建國以來，長久受到法俄箝制，腹背爲敵，因此，卡里歐稱：「德國天生被包圍。」（Germany was born encircled, Calleo 1978: 206）德國外無天然疆界維持其國土之完整性，對內山川橫互不利於境內人民溝通、國力凝聚。地理位置令德國近代政治發展維持著「特立獨行」、「無安全感」和「不易團結」的特性。

**【德國威權政體的傳統】**

自十八世紀啟蒙運動以來，德國文哲以浪漫主義和理想主義爲主流，與英法的自由主義和理性主義相抗，前者主張保守復古，熱情愛國，重團體輕個人，崇法重紀；後者高倡以理性揚棄傳統理念，追求自由平等，個人重於羣體，兩支思想流派反映在政治體制上，一爲集權保守，內斂排他；一爲民主自由，開放包容，兩者涇渭分流，難以統合。

德人在理想主義的薰陶下，對社會秩序存有潔癖，凡事講究尊卑先後，井然有序，與民主平等思想積不相容。德國近代政治理論源自於黑格爾（Friedrich Hegel）哲學，黑氏視「政府」（state）爲實踐「國家」（nation）的政治權力和文化精神的唯一實體，亦爲個人需求的守護者，爲德國近代威權政體（"Obrigkeitsstaat"）的傳統奠下強固的理論基礎。德人對集權體制執著自信，益以國家意識蓬勃，對外來思想頗爲排斥，對西方的民主思潮和制度皆是在戰敗屈服之情況下（如拿破崙戰爭和「凡爾賽和約」）接受的，而非心悅誠服，因此，民主自由思想在德國一直未能生根成長。

德國統一建國較歐洲其他列強晚了數世紀，德國的工業革命較英法遲約半世紀，故德國殖民地的拓展頗有時不我予之憾，裴斯勒（Helmuth Plessner）曾以「姍姍來遲的國家」（*Die verspaetete Nation*）爲其書名，形容德國歷史發展的時運不濟。德國在「列強俱樂部」敬陪末座，對其內政影響極大：德國主政者推動工業化，爲求後來居上，力行中央集權，政府主控經濟，保護大地主和大財團，中產階級無法隨著工業革命而形成。「姍姍來遲」的德國面對外在競爭，亟力動員國內資源急起直追，在此環境，威權領導根深蒂固，政治妥協性低。

德國是由普魯士王國肇建，而普魯士社會又為信奉基督新教的「雍克族羣」("Junkers")所壟斷。「雍克」係承襲中古時期普魯士貴族頭銜，世代散居易北河以東的地主士紳，非特烈大帝以之為官僚骨幹，推動工業化，在普魯士身居要津，配合其土地資源，主導德國政經發展，俾斯麥、史崔瑟曼等德國名相皆為「雍克」。

**【德國民主化的障礙】**

非特烈大帝以來，德國官僚體系健全且有效率，並貫穿行政、立法、司法、政黨、軍隊、民間財團等，網絡廣泛嚴密，層層節制。德國官僚體系素以「雍克」為主體，其為顧全既得利益，而防堵社會現代化，並阻隔民眾參政，故德國只有「官僚政治」("Beamtentum")，無「公民政治」("Buergertum")。「第二帝國」建立後，普魯士扼殺地方自治、禁絕社會反對團體；「雍克」遏抑中產階級的茁長；行政部門矮化國會、政黨、民間團體的功能。德國一般民眾只須履行「納稅、服兵役和『閉嘴』」的義務（Dalton: 11），無從與聞政事，無法培養公民責任，其一心依順政府，唯命是從，對法西斯主義和極權主義無從免疫。

谷魯（Raymond Grew）認為一個政體為求政治穩固，必須克服下列五種危機：「國家認同」(identity)、「政權合法性」(legitimacy)、「民眾參與」(participation)、「政令貫徹」(penetration)和「資源分配」(distribution)。(Grew: 3-37) 吉力斯 (John R. Gillis) 依據此五個危機指標檢試「第二帝國」、「威瑪共和」和「第三帝國」，得到結論：德國歷代主政者皆以「政令貫徹」爲首務，對其他四個危機一味規避拖延，德國「政府」(state) 與「社會」(society) 疏離對立，德人對「政府」(state) 和「國家」(nation) 的認同亦難趨一致。(Gillis: 313-45)「威瑪共和」被稱爲「無共和人的共和國」，「第三帝國」的篡立則被認爲是「無革命家的革命」(revolution without revolutionists)，均未肆應時代變遷，有所長進。德國工業進步，船堅炮利，但政治、社會的改革卻付諸闕如，國家現代化架構的營建猶若浮沙建塔，難求穩固。

## 第二節　西德的政治改造

一九四五年德國戰敗，「第三帝國」覆亡，普魯士舊地或割讓予蘇聯和波蘭，如東普魯士、希利西亞、波孟 (Pommern)；或劃爲東德轄區，如西普魯士、柏林、薩克森、布蘭登堡 (Brandenburg) 等邦；或重新歸併爲西德新邦，如萊茵—伐茲 (Rheinland-Pfalz)、北萊茵—西發利亞 (Nordrhein-Westfalen) 等，「普魯士」遂成爲歷史名詞。「雍克族羣」

歷經第一次大戰、三〇年代經濟大蕭條，以及希特勒大整肅，勢力已弱，戰後紅禍造成歐陸六世紀後最大規模的人口遷徙，「雍克族羣」流離失所，淪爲尋常百姓。東德的土地改革和西德的貨幣改革更剝奪「雍克」僅存的經濟優勢，使得德國舊日的階級差別化爲烏有，社會同質化。德國浴火重生，政治發展得以有一嶄新的起點，一九四五年五月八日德國無條件投降，是日被德人稱爲「零時」（"Stunde Null"），頗有民族更生之意。

**【基本法的制定】**

西德戰後根除納粹思想雷厲風行，但治本之道在於奠定民主政治的磐石。一九四八年九月，來自西德十一邦之六十五名代表所組的「國會籌備會」肩負修憲大任，「基督民主黨」（"Christlich-Demokratische Union", CDU）和「基督社會黨」（"Christlich-Soziale Union", CSU）合組的「基督聯盟」，「社會民主黨」（"Sozialdemokratische Partei Deutschlands", SPD）、「自由民主黨」（"Freie Demokratische Partei", FDP）三個傳統政黨按比例派員與會，「基督聯盟」代表基督教保守勢力，共分到二十七個名額，「社民黨」代表社會主義勢力，亦分到二十七名額，「自民黨」代表自由派勢力，獲分五個名額，其餘名額由若干小黨分配。西德的「基本法」在各黨代表互重互諒的協商後，於一九四九年五月制訂。

「威瑪憲法」係歐陸現代國家最完備的憲法，但卻授予希特勒奪權的根據，因此，「基本法」的制訂者一方面以該憲法的優點爲典範，甚有逐字援用者（如有關基本人權保障的條文）；另一方面以該憲法的缺失爲儆戒，有引用外國體制者（如「聯邦憲法法院」），有改進舊制者（如調整總統、首相、國會的權力），亦有獨自創新者（如「建設性不信任投票」及選舉制度），以爲救濟。「基本法」明文規定：「德意志聯邦共和國爲民主、社會福利及聯邦制的國家」，並爲打破威權政體和防範極權主義，對德國政體的安排強調「分權」和「制衡」的原則，直的「分權」呈現於聯邦—邦—縣—鎮各級政府之間，首相與其閣員之間；橫的「分權」則呈現於行政—立法—司法機構之間，政府—政黨—民間利益團體之間。

**【決策體系的分權設計】**

卡曾斯坦(Peter J. Katzenstein)以「分權的政府，整合的社會」(decentralized state, centralized society) 描述西德政體，指「基本法」已根本矯正德國往昔「政府中央集權，社會分化勢弱」的現象和由上而下的決策方式。(Katzenstein 1987: 15) 西德聯邦政府的決策過程深受各邦政府、國會、政黨、民間社團之滲透和影響，行政官僚的自主裁量權變弱，無從專擅。

「基本法」標榜西德是「社會福利國家」("Sozialstaat")，民間自發性的公益團體爭取社會福利，致力勞資協商，為各級政府提供建言、游說、談判的管道。據一九七三年的統計，每一千個西德人就有三到四個自發性組織（Almond & Verba: 218），另據問卷調查，西德人較英法民眾經常藉助利益團體影響政府決策（Ellwein: 151）。西德自發性團體效率高及包容性大，遍及各行各業，其專業素質不亞於政府部門，被稱為「半公眾組織」(parapublic institutions)。

西德政府決策過程經由「半公眾組織」的積極參與趨於透明化，防範利益輸送的弊端，使公共政策較切中時弊，合理公平，並藉著官民協調溝通的制度化，得以緩和社會衝突。「菁英合作」、「民間競爭」、「社會參與」明顯化解德國「政府」與「社會」的傳統對立關係。此種「統合主義」(corporatism)在西方工業國家（如瑞士、瑞典、挪威等）發展頗具歷史，惟在威權盛行的德國一直未曾落實。

**【西德的聯邦制】**

「基本法」另一「分權」的安排乃聯邦制（federalism）。德國於一八七一年統一時係由二十五邦所組成，惟因各邦人口、土地相去懸殊（普魯士人口及土地占全德三分之二之強），中央集權制勢所難免。戰後美、英、法一致要求德國採用聯邦制，以防集權主義再起；西德境內共有十一邦（其中西柏林主權名義上仍由西方三強共管），其中北萊茵—西發利亞邦人口最眾，巴伐利亞邦土地最大，該二邦歷代反抗普魯士中央集權最力，聯邦制遂爲戰後西德政體改革的主流；另因「基本法」起草人對納粹極權餘悸猶存，傾向聯邦制，故西德被設計爲「聯邦國家」（“Bundesstaat”）。

「基本法」賦予聯邦政府有關國防、外交、貨幣等全國性事宜的權責，各邦則負責因地制宜的事務。然西德憲法對聯邦與邦的權限並非硬性劃分，各邦至少可在立法、行政和財政三方面確保本身權益，並發揮其影響力：㈠「上院」（“Bundesrat”）係由各邦政府任命（非直接民選）代表所組成，成員四十五名（西柏林代表四名，無投票權），各邦邦長爲當然代表。「上院」參與聯邦立法，可否決「下院」（“Bundestag”）不利於地方權益的創議。㈡聯邦立法涉及地方事務，只制定總則，對各邦訂立相關細則和執行無權干預，各邦自主空間頗大。聯邦政府於創制前須與「上院」諮商，並獲其同意，事前若未充分協調，逕自交付各邦實行，則有遭到杯葛、無從推動之虞。（Johnson 1983: 132-41）㈢聯邦政府負責徵收關稅、國產稅等；財產稅、遺產稅、汽車稅等悉歸各邦所有；所得稅和公司稅（國家最大稅收）由聯邦與地方均分；增值稅（次要稅收）分配比例則每年修訂，各邦概可分得三分之一。由於西德各邦收入僅四分之一來自中央（Derbyshire: 7），在財政稅收上享有相當的自主權。

西德聯邦與地方在立法、行政和財政的「分權」乃「分享（share）權力」，而非傳統聯邦制的「分據（separate）權力」，各級政府皆無法享有絕對的權力。西德的聯邦制被稱爲「合作性的聯邦制」（cooperative federalism）或「網絡式的決策體系」（interlocking politics），著重各級行政單位直向橫向的聯繫、妥協和合作，而非傳統聯邦制下中央與地方之間互爲敵體的「零合競賽」。（Hesse: 70-87）西德各邦積極參與國家決策的協商，不僅使聯邦公共政策切乎實際，更可爲地方培育可觀的行政長才，西德迄今六位首相之中就有三位是邦長出身，即吉星格（Kurt-Georg Kiesinger）、布朗德（Willy Brandt）與柯爾（Helmut Kohl）。

**【首相民主】**

德國歷代首相皆由德皇任命，係向德皇負責（而非國會），「第二帝國」首相能攬權自重者唯俾斯麥，其餘莫不以臣僚身分兢兢自守。「威瑪共和」直接民選的總統獨操大權，左右全局，首相地位矮化，側身配角，總統一職成爲德皇的化身，極權者的溫床。「基本法」爲矯正流弊，痛改前非，乃將行政部門的權力集中於首相，總統不再直接民選，而間接由「上院」及地方議會議員所組之「聯邦大會」（“Bundesversammluug”）選出，以削弱其民意基礎，且其爲虛位元首，不具實權。

西德首相由「下院」以多數票決選出，由總統任命，任期與當屆「下院」議員相同（四年），連選得連任。首相自組內閣，任免閣員，單獨代表內閣向「下院」負責。爲免「下院」輕易倒閣，「基本法」規定「下院」如欲推翻現任內閣，須先以多數決選出繼任閣揆人選，此「建設性（或積極性）不信任投票」（constructive vote of no-confidence）與「威瑪憲法」之「消極性不信任投票」（不須提名繼任閣揆人選）迥異，旨在增加國會倒閣之難度，以維持政府之穩定。西德國會四十年來只行使過兩次「不信任投票」，一是一九七二年針對布朗德政府，另是一九八二年針對施密特（Helmut Schmidt）政府，僅後者成功，與「威瑪共和」的亂象判若雲泥。

「基本法」將中央行政權集中於首相一職，但西德首相權力不如美國總統。首相候選人在「下院」選舉前，得與擬組聯合內閣之友黨，對其內閣員分配和政見主張明白承諾，故其當選後在基本政策上自由發揮的餘地有限。首相對閣員政務在非偏離施政方針的情況下，不得過問，且須將政府五大要職（內政、財政、司法、國防、外交部長）部分分配給友黨，加深了各閣員的門戶獨立。首相在閣員間擔任仲裁整合的角色，其間失和將自引倒閣的危機；反之，閣魁如下臺，閣員則無戀棧其位之理，閣員雖可自行其是，仍須尊重團隊精神。(Johnson 1983: 51-67)

凡此顯示西德「首相民主」（chancellor democracy）的立意：中樞固以首相唯馬首是瞻，集權者卻無法以此職借屍還魂。西德政府皆爲兩黨（或三黨）之聯合內閣，是以首相任期長短與政績良窳，不僅靠本身行政表現和羣眾魅力，尚得視其在本黨地位、該黨在國會的勢力、友黨合作態度等條件而定。西德先後六位首相中，任期最長者爲艾德諾（十四年，並身兼外長六年之久），現任者柯爾次之，迄今已十年，餘者平均不足五年。六位首相中，除了布朗德係因間諜案自請辭職外，其餘皆是因本黨壓力或友黨倒戈而下臺。

**【下院及聯邦憲法法院】**

除了上述內閣「分權」的設計，「基本法」監督首相施政的機構爲「下院」和「聯邦憲法法院」（“Bundesverfassungsgericht”）。

「下院」成員計四九六名，直接民選，西柏林另選二十二名，不具投票權。「下院」以過半數票選出首相，亦得以「建設性不信任投票」更換首相；「基本法」雖未直接規定首相解散國會之權，但首相可在向國會提具重要法案時，附帶提議「下院」對該案進行「信任投票」，若未獲半數票支持，首相得要求總統解散國會，重新改選。動議「信任投票」乃一冒險之舉，該法案若非要向公眾顯示其聯合內閣的團結實力時，西德首相鮮少嘗試，至今僅施密特和柯爾曾成功爲之各一次。此外，「下院」可藉審核預算及法案、質詢施政、舉行公聽會等方式，監督首相。

爲根除德國威權政體的人治傳統，「基本法」起草人期許德國成爲一「法治國家」（"Rechtsstaat"），特仿效美國「最高法院」（Supreme Court），創立「聯邦憲法法院」，院址不在波昂，而在南德卡斯魯爾（Karlsuhe）。該院由六〇名法官組成，上下院推薦人選各半（悉須具有法學專業背景），任期十二年，其權職在於保障國民基本人權，解釋聯邦與各邦的關係，以及監督政府法令施政是否濫權違憲。

「聯邦憲法法院」自一九五一年成立以來，除了消極解釋憲法條文，亦積極參與樹立政治典範，例如判決共產黨及新納粹黨非法（因彼等意圖推翻民主政體）、禁止由聯邦政府成立全國性電視網（應由各邦聯合負責）、判決布朗德「東鄰政策」合乎憲法（但禁其正式承認東德政府）、宣布墮胎法違憲（稱西德因納粹經驗應對生命保障較其他西歐國家嚴謹）、禁止政治思想偏激者服務公職等。

「聯邦憲法法院」被賦予司法審查（judicial review）之功能，以司法裁量制衡行政及立法權力之上，在德國傳統法律觀念尚屬新制。法政本難分家，該院歷年重大判決予人司法干預政治之印象，頗有輕忽司法自制原則（judicial restraint）、窄化行政及立法部門之權限，以及導引國會立法之傾向，引人爭議。（Johnson 1982: 238, 249）儘管法政界對「聯邦憲法法院」褒貶互見，該院法官大致能維護憲法尊嚴及民主理念，一般民眾對其範領羣倫的表現甚爲肯定。據一九八〇年的調查顯示，西德人民對「聯邦憲法法院」信賴的程度高於對國會、教會和大學的信任度。(Rausch: 141)

**【西德的政黨政治】**

除了「社會國家」、「聯邦國家」、「首相民主」、「法治國家」等名稱，西德政體尚可以「政黨國家」(“Parteienstaat”)一詞描述。西德主要三黨「基督聯盟」、「社民黨」和「自民黨」歷史悠久，均於一九三三年爲希特勒所禁，戰後重新建黨，西德憲法和政黨政治的精神係由該三黨協商創立。「基本法」對新政黨的成立有所約制：凡政黨意圖推翻「德意志聯邦共和國」的存在，或有損民主自由秩序者，得以宣告違憲，予以禁止(第二十一條)。另外，「選舉法」規定任何一政黨在全國大選不能獲得總票數的五％以上的選票，或未能贏得三個地方選區的席次，則無資格進入「下院」(卽 5%-Klausel，簡稱「五％條款」)。西德以黨建國，並以「基本法」第二十一條及「五％條款」絕禁偏激小黨進入國會，而維持四十年來「兩個半政黨」的穩定局面，一改政黨在歷代德國政府決策過程的配角地位。

所謂「兩個半政黨」是指「基督聯盟」與「社民黨」兩黨平分天下(兩黨黨員各約九〇

餘萬人，共同囊括歷年全國性選舉的八成選票），「自民黨」（黨員七萬多人，平均約得九%的選票）居中制衡的局面。概言之，五〇及六〇年代是「基督聯盟」的天下，但在艾德諾之後，勢力日衰，七〇年代由「社民黨」主導，但在施密特時期顯現疲態，一九八二年柯爾入主波昂，「基督聯盟」得以中興。其間除了一九六六至六九年外，西德政府非由「基督聯盟—自民黨」組閣，即爲「社民黨—自民黨」所組成。（見表五）

【表五】西德首相及聯合內閣一覽表

| 內閣就任日期 | 首相 | 首相所屬政黨 | 聯合友黨 | 內閣結束原因 |
|---|---|---|---|---|
| 一九四九年九月 | 艾德諾 | 基督聯盟 | 自民黨 | 艾氏退休 |
| 一九六三年十月 | 埃哈德 | 基督聯盟 | 自民黨 | 改變聯合友黨 |
| 一九六六年十二月 | 吉星格 | 基督聯盟 | 社民黨 | 大選失敗 |
| 一九六九年十月 | 布朗德 | 社民黨 | 自民黨 | 布氏請辭 |
| 一九七四年五月 | 施密特 | 社民黨 | 自民黨 | 國會倒閣 |
| 一九八二年十月 | 柯爾 | 基督聯盟 | 自民黨 | （執政至今） |

「基督聯盟」、「社民黨」和「自民黨」黨員均以中產階級為主幹，然選民投票習慣就職業而言，白領階級、現職公務員及農民比較傾向「基督聯盟」，勞工階級及退休公務員較支持「社民黨」，自由業者及知識分子則較傾向「自民黨」。就地域而言，歷年全國性選舉「基督聯盟」支持者多居鄉鎮，「社民黨」支持者集中於城市，「自民黨」城市支持者略多；「基督聯盟」勢力在南部較強，「社民黨」勢力在中北部較強，「自民黨」南北之分不明顯。就宗教信仰而言，支持「基督聯盟」者多為天主教徒，支持「社民黨」者多為新教徒，至「自民黨」支持者新教徒略多於天主教徒。（Padgett & Burkett: 260, 272, 277-9, Gordon Smith: 136)

**【西德的選舉制度】**

西德「兩個半政黨」政局形成的因素有四：㈠普魯士已被分裂，舊有特權勢力消失，往昔階級、地域、宗教的對立不再，社會結構改變，同質化增高，「威瑪共和」小黨林立、利益團體橫行的亂象不復重現。㈡西德「下院」選舉採「一票兩欄制」(one vote, two ballots)，第一欄以「最高票當選制」(plurality system) 選出區域候選人，第二欄可同時以「比例代表制」(proportional representation system) 選全國選區之政黨，兩者分別選出「下院」議員總數各半。前者席次往往為大黨席捲，後者保障小黨，強化各黨認同，且一票兩欄便於政黨配票（如一欄投本黨，另欄投聯合友黨），有利聯合內閣之組成。㈢「基督聯盟」和「社民黨」自六〇年代末以來，以全民政黨（"Volkspartei," or catch-all party）號召選民，政治訴求趨同，各在對方鐵票陣營有所斬獲，但鮮能在「下院」選舉獨力贏得過半數席次，唯靠「自民黨」合作，始有勝算。㈣「自民黨」囿於「五%條款」之限，不敢自立門戶，只能藉與「基督聯盟」或「社民黨」組成聯合內閣，始有進入國會和執政的機會。

西德的「一票兩欄制」造成政黨選紀嚴明，並使國會黨團操作法案通過頗力。在六〇至八〇年代之間，「兩個半政黨」囊括所有席次，八成以上的法案都是由該三黨以黨政協調的方式通過。「基督聯盟」和「社民黨」以全民政黨自居，以溫和求變的中產階級爲中堅選民，減少偏激的意識型態色彩，在極左和極右的政治訴求間尋求中庸之道。「自民黨」在追求個人自由及社會改革的觀念上與「社民黨」較爲接近，其維護市場經濟及中產階級的利益上則與「基督聯盟」較爲投合，惟「自民黨」無論與任何一黨組成聯合內閣，皆須異中求同，以利兩黨合作；亦須同中求異，以維持本黨特色。該黨時而爲執政友黨「踩油門」，加速改革，時而爲之「踩煞車」，避免過激之政策，如此有助於聯合內閣的妥協中庸，進而使其施政兼及國家整體福祉，而非營謀政黨派閥之私。

「五%條款」標準適中，防範小黨林立，然並不壓制小黨崛起；「比例代表制」較「最高票當選制」利於小黨發展，故小黨仍能在選票「第二欄」異軍突起。自一九六七年起，西德政府補助在大選獲得〇·五%以上選票的政黨，此對尚未進入國會，但用心經營之小黨實爲莫大助力（按：一九八三年政府補助占大黨經費的三分之一，占小黨經費的六成以上，Conradt 1987: 127），「綠黨」（"die Gruenen"）就是一個小黨成功進入國會的例子。

**【綠黨的角色】**

「綠黨」於一九八〇年成立。該黨源起於西德六〇年代後期的學生運動、七〇年代初期各地勃興的民衆自力救濟活動，這兩股反現狀的潮流爲西歐後物質主義（post-materialism）的產物，重生活品質，反經濟成長，以生態保護、社會解放、協助弱勢團體、反工業化、反核、反戰、反美等爲訴求主題，並反對三黨鼎立的「代議民主」(representative democracy)，而力主草根性的「全民參與之民主」（participatory democracy），總稱「新政」（New Politics）。「綠黨」黨員四萬餘人，支持者年齡遠較其他三黨爲輕，教育程度亦高出甚多。「綠黨」在兩大黨之間爭取中性游離票源的境況與「自民黨」類似，頗有取代後者，與「社民黨」組閣之勢；「綠黨」強調社會變革的主張及其中間偏左的立場與「社民黨」雷同，吸引後者左翼黨員甚衆。「社民黨」在八〇年代三次大選之獲票率節節滑落，西德垂二十年之久的「兩個半政黨」局面幾乎被打破。（見表六和表七）

【表六】西德四個主要政黨在一九八〇至八七年間三次下院大選結果之對照表

| | 一九八〇年 | | | 一九八三年 | | | 一九八七年 | | |
|---|---|---|---|---|---|---|---|---|---|
| | Ⅰ | Ⅱ | Ⅲ | Ⅰ | Ⅱ | Ⅲ | Ⅰ | Ⅱ | Ⅲ |
| 基督聯盟 | 一二〇 | 四四・五 | 二二六 | 一八〇 | 四八・八 | 二四四 | 一六九 | 四四・三 | 二二三 |
| 社民黨 | 一二八 | 四二・九 | 二一八 | 六八 | 三八・二 | 一九三 | 七九 | 三七・〇 | 一八六 |
| 自民黨 | 〇 | 一〇・六 | 五三 | 〇 | 六・九 | 三四 | 〇 | 九・一 | 四六 |
| 綠黨 | 〇 | 一・五 | 〇 | 〇 | 五・六 | 二七 | 〇 | 八・三 | 四二 |

資料來源：Berghahn: 303, Derbyshire: 29, 46

註：Ⅰ在地方選區所獲席次（佔下院席次之半數）。

Ⅱ在全國選區所獲票數佔總投票數的百分比（下院席次另半數席次，由已獲五%以上總投票數的各黨依其獲票比率分配）。

Ⅲ在地方和全國選區所獲席次總數。

【表七】西德傳統三黨與綠黨支持者意識型態傾向之對比表

單位：%

| | 左派 | 中間偏左 | 中間 | 中間偏右 | 右派 |
|---|---|---|---|---|---|
| 基督聯盟 | ○・二 | 三・五 | 三五・五 | 四二・八 | 一八・○ |
| 社民黨 | 四・三 | 三○・九 | 四九・一 | 一一・八 | 三・九 |
| 自民黨 | 一・二 | 一一・六 | 六○・二 | 一七・三 | 八・七 |
| 綠黨 | 八・八 | 三七・九 | 三八・三 | 一一・四 | 三・六 |

資料來源：*Spiegel* 45/1984

「綠黨」以刁民心態（civil disobedience）建黨，在短短三年進入國會殿堂，其反西方、反代議政治和反資本主義的呼聲來勢洶洶，莫之能禦。然終八○年代，「綠黨」無人入閣，政治資源無法與傳統三黨相提並論，其政見理想清新，但失之激烈浪漫，不見容於中庸成熟的西德選民。「綠黨」內部國會路線和街頭路線之爭亙續數年，除在地方略具影響力，在中央卻無足輕重。兩傳統大黨久以全民政黨自許，迅速吸納「綠黨」的「新政」理想，爭取選民；「綠黨」反因路線搖擺而前途渺茫，「兩個半政黨」的局面重獲穩固。「綠黨」未來命運未卜，但彼得森（William E. Paterson）稱：該黨將西德社會反體制的歧異分子整合於國會規範中，以免破壞現有體制的價值與共識，確有強化德國民主之功。（Paterson 1989: 263）

## 第三節　西德民主制度的檢討

第二次大戰結束後，赤禍泛濫，東歐不保，「民主」不僅是西方國家用以抗拒共產極權的最有力武器，亦是西德政府對於全德統一的宣傳號召，人稱西德政治制度為「冷戰民主」（cold war democracy, Krieger: 193）和「戰鬭性民主」（militant democracy, Gordon Smith: 221），亦有人稱之為「外力所建的人工藝品」（a "Kunstwerk" construction from outside, Schoonmaker: 14），皆意味西德民主之權宜性和非自發性，對其長遠的穩定發展心存觀望。

**【西德民主化的成效】**

西德戰後孕育民主的環境遠較往昔任何時期為佳：㈠普魯士已被化整為零，各邦得以獲得自主發展的生機。㈡「雍克族羣」消失，加上一九五〇年代經濟順利起飛，中產階級興起，社會衝突因而化解。㈢德國基督新教與天主教人口的對比，在一八七一至一九四五年間大致維持二：一，西德喪失東境土地後，二宗教人口均等，昔日宗教衝突因而消弭。

至七〇年代，西德民主歷經三十年的力行實踐，已具績效：㈠一九五三年，只有五五%的受訪西德人認爲可以百無禁忌的發表言論，至一九七一年增爲八四%。(Conradt 1974: 227) ㈡一九七四年，七成的受訪西德人認爲可以一己之影響力糾正不當的地方政策（較一九五九年增加了八%），近六成的受訪者認爲可對不當的聯邦政策發揮影響力（較一九五九年增加了二一%）。與歐美人民相較，西德人向其行政區之官員反映問題的頻率最高。(Conradt 1989: 232, 249, 255) ㈢一九七四年，六〇%的西德受訪者認爲國家是由「全體國民」所治理，四七%的英國受訪者則認爲國家是由「若干大規模的利益團體」所治理（僅三七%認爲是由「全體國民」治理）。(Conradt 1989: 235) ㈣一九七六年，九成的西德受訪者認爲民主乃西德最佳政體，一九六七年只有七成四的受訪者持此想法。一九七八年，受訪西德人對其政治制度滿意者，較一九五九年增加四倍（由七%增至三一%），僅次於對其經濟成就表現的滿意程度）。(Conradt 1989: 230, 234) 另據一九七七年的問卷調查，西德人是歐市所有國家的人民之中最滿意其本國政體的。(Greiffenhagen & Greifenhagen: 102, 355-6)

依據前述谷魯所列舉一個政體可能遭遇的五種危機（即「政權合法性」、「民眾參與」、「政令貫徹」、「資源分配」及「國家認同」）檢試西德政治的穩定性，從歷年大選高投票率及上述問卷調查第㈢和㈣項結果顯現答案，西德政府無疑是一個具有雄厚民意基礎的合法性政體。「基本法」記取「威瑪共和」教訓，傾向民眾間接參政，以代議制及政黨政治緩衝民意的衝擊，但由於西德民間團體發達和「綠黨」崛起，加上兩個主要政黨之轉變爲「全民政黨」，西德政治運作已在七〇年代從層層節制的「菁英政治」（elitism）擴充爲草根性的「平民政治」（egalitarism），決策過程由「過度的官僚化」（over-bureaucratization）因社會力之昂揚而演化爲「全民積極參與」（citizen activism）之型態（Kalberg 1989: 36-8），凡此皆可從前述問卷調查第㈡項結果看出端倪。

昔日德國政府與社會對立造成政令無法通達，今日西德政府與社會因聯邦制的縱橫分權、「半公眾組織」整合社會之功能健全、社會結構同質化高，使政令貫徹，民意暢達，此可由前述問卷調查第㈠和㈡項結果得到印證。此外，戰後西德政體分權和社會力凝聚的設計，防止政治資源匯集一方、政黨的官僚化及非意識形態化、「半公眾組織」參與決策的制度化，皆有助於社會資源分配的公平、公正、公開。

**【西德政治的穩定性】**

西德內政歷經「綠黨」的「新政運動」激盪之後，展現沉穩成熟的政治風貌，然而，西德民主是否穩定？從「第二帝國」到「第三帝國」，德國只克服了谷魯列舉的五大危機之「政令通達」；今日波昂政府則解決了四大危機，唯一懸而未決的問題乃是「國家認同」。

德國已故哲學家亞斯培(Karl Jaspers)在其著作《德意志聯邦共和國何去何從？》稱：「我們（西德人）無根，又無希望，對過去不堪回首，對未來茫然無知，對現今除要求生活自由安適外，別無企望」(Jaspers: 177)。歐美學者對西德政體的穩定性普遍予以正面評價，譽其成功移植民主制度的過程為「德國模式」，但以「臨時性」（"Provisorium"），「過渡性」（"Transitorium"）或「流動待變」（"in Bewegung"）形容其現狀，而對西德政治的未來發展多持保留態度。國家認同之建立在於國民對其歷史和現狀具有相當的共識，而以共同的行為經驗作為其因應未來變局的方向感(Weidenfeld: 19, 22)，此對西德人而言，無疑是一尷尬為難的課題，且對其政治發展終究是一個不定的變數。（參見第七章第二節）

睽諸歷史，「德國人是什麼？」和「德國在何處？」一直是德人亟力解索的問題，此認同問題並未因西德人洗心革面，歸依民主，而迎刃化解。一九四五年東西歐分屬美蘇兩大陣營相互對峙，西德被融入西方體系，其國家認同問題卻被凍結，遲遲未決。「德國問題」與「歐洲秩序」乃一體兩面：歐洲安全有賴德國政治之正常發展；德國政治之穩定亦端視歐洲體系是否健全合宜。有鑒於此，吾人仍須在戰後歐洲的整體架構來審視西德體制的穩定性。

# 第五章 西德與「北約」

## 第一節 「圍堵政策」與「低盪政策」

一九四五年四月美軍與紅軍會於易北河的托高城（Torgau）時，歐洲的命運就交爲美蘇兩國支配，東西德亦由歐洲的權力核心變爲兩超強陣營的馬前卒。故論及戰後歐洲秩序及德國問題，必先探討美國全球策略的演變。

**【兩種圍堵政策】**

一九四七年的「杜魯門宣言」爲美蘇冷戰揭開序幕。其後，美國對蘇政策由姑息轉爲猜防，由合作轉爲對抗，「圍堵政策」成爲美國外交界所共識，惟其中內涵及指導策略概分兩派。〈見表八〉

美國歷代外交政策一向在孤立主義（isolationism）和國際干涉主義（international

【表八】美國戰後對蘇聯圍堵政策的兩支派別

| | 全球性的圍堵政策 | 選擇性的圍堵政策 |
|---|---|---|
| 美國的世界目標 | 持續冷戰，建立美國霸權 | 結束美蘇冷戰，重建全球區域性的權力平衡 |
| 圍堵的對象 | 所有共產國家（含中共） | 蘇聯 |
| 蘇聯對外侵略的主要動機 | 意識型態的驅使，共產主義世界革命的野心 | 地緣的不安全感，歷史向外擴張的傳統 |
| 蘇聯侵略的形態 | 希特勒模式，全面性，爲鞏固極權統治，無限制向外擴張 | 德皇威廉二世模式，投機性，局部性，遇弱則強，遇強則弱 |
| 蘇聯侵略行爲的指標 | 軍事能力重於戰略意圖 | 戰略意圖重於軍事能力 |
| 美國圍堵的實力 | 須維持絕對優勢，全面壓制蘇聯侵略的能力，即對稱性圍堵(symmetrical containment) | 維持相對均勢即可，選擇蘇聯弱點（如經濟、科技），善加運用，輔以外交談判，無須與蘇聯一兵一將、一槍一炮的對稱比陣，此乃不對稱性圍堵(asymmetrical containment) |
| 蘇聯實力 | 因向外擴張而增強 | 向外擴張，國力延展，盛極必衰 |

| | | |
|---|---|---|
| 美蘇關係 | 零合遊戲(zero-sum game) | 可以和平共存 |
| 圍堵防禦的區域 | 全球性，所有非共友邦 | 選擇性，世界工業發達的地區，即美國、西歐、日本 |
| 圍堵性質 | 軍事 | 經濟、政治、心理 |
| 圍堵手段 | 武器競賽，軍事對抗 | 外交談判、經濟制裁、意識型態（以資本主義、民族主義分化共產陣營） |
| 與友邦的關係 | 建立全球軍事聯盟體系，輔以經援，堅壁清野，防範赤禍蔓延 | 以經援重建友邦反共信心，反對軍事結盟，以免盟邦過度依賴美國，並防美國疲於奔命，國力耗損 |

資料來源：Deibel: 105, Calleo 1987: 28, Gaddis: 30, 36, 61, 84, 88, 96, Podhoretz: 222-3

interventionism)之間搖擺不定。肯楠主張「有限的、選擇性的、溫和的圍堵政策」（Ravenal 1987: 191），雖不完全規避美國參與國際事務的責任，但仍帶有相當程度的孤立主義色彩；冷戰初期兩位國務卿艾契遜（Dean Acheson）及杜勒斯（John F. Dulles）擘劃實施的全球性「圍堵政策」則是國際干涉主義的具體表徵。肯楠雖因〈X專文〉名噪一時，但美國戰後外交實務由艾、杜氏主導，肯楠構想晚至尼克森（Richard Nixon）時期，才成爲顯學。

**【肯楠的戰略思想】**

肯楠率先主張美國對蘇施以圍堵政策，復於美蘇冷戰方殷之際，反對兩極化國際體系，力主恢復歐亞區域性的權力平衡，建立多元化國際體系，認爲美國應藉與蘇談判約制其侵略行爲。因此，肯楠不但是「圍堵政策」之父，亦是七〇年代「低盪政策」的鼻祖，對美國外交政策的影響垂四十年之久，無人能出其右。

肯楠的世界觀因襲英國戰略學家麥金德（Halford Mackinder）思想。麥氏稱亞洲內陸及東歐爲全球心臟地帶（Heartland），認爲：「誰占領東歐，卽可控制心臟地帶；誰占領心臟地帶，卽可控制『世界島』（World Island）；誰占領『世界島』，卽可控制全球。」早在一九〇四年，麥氏呼籲英國應與北大西洋的邊陲國家（Rimland states，卽法、荷、比、盧）和海權國家（卽美、加）聯盟，共同抗衡在心臟地帶稱霸的德俄，成爲「北約」最早的理論依據。（Gray: 9-12）〔見圖六〕麥氏在第一次大戰後，再提「海權對抗陸權，邊陲地帶對抗心臟地帶」的觀念，並建議英美聯合抑制德蘇，未被採納，其心臟地帶理論卻爲希特勒融於其「中歐政策」，助長德國向東攫取「生存空間」之野心。

第二次大戰後，蘇聯雄據心臟地帶，肯楠認爲全球有五大工業中心和戰略樞紐（卽美、蘇、英、德、日），美國只要協助英、德、日重建經濟，儘速填補歐亞權力眞空，自可確保

圖六　麥金德世界地緣圖

邊陲地帶的安定，進而可對心臟地帶的共產國家產生示範作用，使蘇聯衰微。他堅信，世界秩序之危機，並不在蘇聯武力威脅，而在於自由國家本身的政經秩序紊亂，民心動盪不安，對赤禍無從因應，故西歐的經濟復興及心防建設乃刻不容緩，整軍經武徒然轉移其經濟重建的資源。歐美軍事結盟，將使西歐依賴美國保護，不思自強，另將使美國陷入區域性糾紛，外交彈性喪失，且美國軍事承諾向全球無限延展，國力終有枯竭衰弱之日。(Gaddis: 72, 73, Deibel: 103)

肯楠心儀的世界秩序乃一八一五年「維也納會議」後的歐洲，美國的角色則類似英國維多利亞時期的權力平衡者，防範蘇聯稱霸。(Calleo 1987: 32-3) 肯楠崇尚權力平衡，其所主張的並非美蘇均勢，而是心臟地帶與歐亞邊陲地帶的均勢，但認爲美國不應全面圍堵蘇聯，以免刺激其不安全感，變本加厲進行擴張，故邊陲地帶的非共國家對美國的重要性應有優先順序，美國對其軍援宜有先後緩急，容忍蘇聯對外的「蠶食」，對其「鯨吞」亦應有層次不同的回應。(Gaddis: 59-61, 97) 另，美國是一海權國，當愼防捲入歐亞內陸(中國大陸及東歐)的戰事，並避免與蘇聯正面衝突。

肯楠堅信，美國在其他區域性事務的角色應是暫時性，而非永久性，其與友邦的合作關係是相互協助(inter-dependent)，而非單向依附(dependent)；是反蘇聯霸權(counter-hegemonic)，而非建立美國霸權(hegemonic)。在「北約」創立之初，肯楠認爲「北約」主要目的不在嚇阻蘇聯，而在強固西歐國家反共信心，亦堅持該組織旨在促進「海權國家的貿易集團」和完成「單一貨幣的歐洲聯邦」(Deibel: 107)，而非軍事性同盟。因此，他反對希臘和土耳其加盟「北約」，因該二國既非瀕臨大西洋，亦非屬美國重點防禦區；他主張美蘇撤離德國，以利美軍自西歐抽身，減輕美國負擔。

**【杜魯門到雷根】**

一九五〇年韓戰爆發，美國「圍堵政策」從此由選擇性轉爲全球性，由不對稱性轉爲對稱性，由非軍事化轉爲軍事化。肯楠的策論被束諸高閣，其後世局發展盡違其意：美國國防預算提高，增派兵力至西歐，並軍援「北約」盟國；希、土（一九五二年）、西德（一九五五年）加入「北約」，西德重建武力（一九五六年）；美國與亞太及中東地區友邦締結軍事盟約，並與泰、菲、西班牙等國簽約租借海空軍基地，對蘇聯展開全面圍堵。韓戰將美蘇關係帶向冷戰的不歸路，杜魯門之後的數任美國總統念茲在茲者，乃如何「進行」冷戰，而不是如何「結束」冷戰。

韓戰使美國國防支出居高不下，軍人出身的艾森豪（Dwight D. Eisenhower）深知養兵糜費，乃將戰略重心自傳統武力移至花費較廉的核子武器，以裁減國防支出。他於一九五四年宣布「新展望」（New Look）戰略，聲明美國對蘇聯及其附庸國進犯非共地區的任何行動，均將施以全面性核武報復攻擊。其時「北約」傳統兵力十二師，紅軍約一七五師，相差懸殊，西歐防禦全賴美國核武之保護。

一九五七年蘇聯成功發射「史普尼」（Sputnik）衛星及開發洲際飛彈，美國本土空防天窗洞開，核武優勢漸喪，「新展望」戰略破產。甘廼迪（John Kennedy）擬訂「彈性反應」（Flexible Response）戰略，意即「華約」如企圖突破西德東境防線，大舉進犯，美國依據戰事升高的程度，逐步選擇使用傳統武力、短中程核武（限於歐陸戰場），或長程核武（用於美蘇隔洋對決）不同等級的反擊方式，將「全面性報復」（massive retaliation）轉變爲「有限度的報復」(limited retaliation)，以避免戰事迅速釀成美蘇自殺性的核戰。與杜魯門相同，甘氏採行凱因斯派財政政策，並實施「對稱性圍堵」，亟力擴張國防支出，與蘇聯軍備競賽。杜氏領導美國加入韓戰，甘氏提升美國參與越戰的程度，增兵南越，愈陷愈深，不可自拔。

一九六九年，尼克森上臺。與艾森豪相同，尼氏亟盼結束征途遙遠、勞命傷財的亞洲戰爭。艾、尼氏皆奉行「不對稱性圍堵」，前者與蘇進行核武競賽，後者則與蘇展開限武談判；艾、尼氏均期以較低的成本維持美國全球的霸權，並圍堵蘇聯，前者用的是核武科技，後者用的是低盪外交。(Calleo 1987: 57-8, Calleo 1983: 17) 如果說韓戰扭曲了肯楠「圍堵政策」的本意，則越戰促使將美國的全球戰略回歸肯楠的原始構想。爲肯楠「平反」的是先後於尼克森和福特(Gerald R. Ford)總統任內擔任國務卿的季辛吉(Henry Kissinger)。

季辛吉的全球戰略概念爲美國「低盪政策」的根本，其基本觀念有三點：㈠由於西方盟邦(以西歐、日本爲尤)的經濟復興和中蘇共的交惡，多元國際體系已漸成形，全球安全體系理當區域化(如越戰越南化，「北約」歐洲化)，美國海外防禦對象亦應區分優先順序。㈡國際體系的穩定在於維持現狀，美國對「革命性政權」(revolutionary powers，如蘇聯、中共、北越)應降低意識形態的對立，進行接觸談判，以和平共處。㈢美國國力並非用之不竭，其霸權自有極限，因此對蘇聯軍備競賽應不求超越，但求均勢，任何一方的優勢均有損於國際體系的穩定。（Gaddis: 277-83, Andrianopoulos: 32-5）凡此皆實現於「尼克森主義」（Nixon Doctrine）（一九六九年）、「第一階段美蘇戰略限武條約」（SALT I）及「上海公報」（一九七二年）、美國與北越之「巴黎和約」（一九七三年）。

尼克森於一九七四年因水門案下臺，其後三任總統的外交幕僚對「圍堵政策」和「低盪政策」未達共識，美蘇關係因而忽張忽弛，非敵非友。卡特（Jimmy Carter）與雷根（Ronald Reagan）的對蘇政策呈強烈對比：卡特欲裁減國防支出，以撫越戰傷痛，但阿富汗事件迫其強化軍備，對蘇態度轉爲敵對；雷根志在擴充軍備、重振國威，但因國內經濟情況不佳，加以蘇聯共黨總書記戈巴契夫（Mikhail Gorbachev）的和平攻勢，其軍費反減，對蘇態度轉趨友善。

## 第二節　「北約」與美國核武

艾森豪於一九五一年出任「北約」歐洲盟軍首任總司令時曾稱：十年後「北約」如仍存在，該組織卽已失去其意義。（Layne: 298）然而，「北約」成立至今已逾四十年，成爲近代史上壽命最長的多國性軍事聯盟。卡利歐將「北約」比喻爲「諾亞的方舟」（Calleo

1970: 30)，拉維諾(Earl C. Ravenal)則稱之爲「久久不用，日漸變質的一帖藥」。(Ravenal 1985: 59)

【歐洲防衛共同體】

韓戰爆發，西德重新武裝，惟法國對德懼恨猶深，亟思裁抑。法國總理布萊方（Rene Pleven)乃於一九五〇年向西德及「布魯塞爾條約」盟邦提出「歐洲防衛共同體」(European Defense Community, EDC，簡稱「歐防體」）的構想：該六國合組一支超國家的防衛部隊，籌劃共同戰略；西德准予重建武力，但不得設國防部長、參謀總長等職，或發展軍事工業；西德軍隊應以營爲單位，分散納入多國指揮系統。此議於一九五二年獲六國原則同意（惟美英對西德軍隊化整爲零加入「歐防體」一節仍持置疑），兩年後因法國國會反對法軍受外國指揮而否決。

「歐防體」未能成立，「布魯塞爾條約」五國遂於一九五四年與西德、義、美、加簽署「巴黎條約」（Paris Treaties），一方面正式恢復西德主權，邀請西德加入「北約」，另一方面與會的西歐七國同意擴充「布魯塞爾條約」爲「西歐聯盟」（West European Union, WEU，按：該組織於一九五五年創立，總部在倫敦），致力西歐防務的整合。「北約」與「西歐聯盟」取代「歐防體」之議，建立西歐防禦體系。惟代表西歐立場的「西歐聯盟」歷年來一直爲美國主導的「北約」壓抑，功能不彰。

**【北約的防禦態勢】**

「北約」於一九五〇年通過的「前進防禦」（Forward Defense）戰略，蘇聯如西犯，「北約」將傾全力阻擋紅軍越過兩德邊境，並以攻爲守，揮軍東進，追勦紅軍。此一戰略在西德加盟後確立，從此美、英、法重兵集結西德。

「北約」創始國十二個，西德、希、土於韓戰後，西班牙於一九八二年先後加入，成員國現共計十六個。「華約」成立後，成爲「北約」主要假想敵，由波羅的海至德奧邊境六百公里寬的「中央戰區」（Central Front）內，兩集團對峙，集結全世界爲數最眾（雙方部隊共約兩百萬人）及最現代化的武裝部隊，其成員國二十三國占全球總面積的三分之一、總人口的五分之一、總財富的四分之三。（見表九和表十）

「北約」係一防禦性組織，四十年來防蘇態勢未曾須臾稍懈，其嚇阻戰略原以傳統武力爲主，核武爲輔，後於六〇年代初因「北約」在歐兵力一直無法加強至預期的九十六師，加以蘇聯成功研製洲際飛彈，並在歐部署中程核子飛彈 SS-4 和 SS-5，「北約」戰略重心乃轉移至核武。

【表九】北約成員國國力對照表

| | 面積／千平方公里 | 人口／百萬人 | 生產毛額／億美元 | 國防預算／千萬美元 | 國防預算比重／% | 戰備部隊／萬人 | 後備軍人／萬人 |
|---|---|---|---|---|---|---|---|
| 美國 | 九、三七三 | 二四〇 | 三六、三五〇 | 二六、五一六 | 七・三 | 二一五・二 | 九三・〇 |
| 加拿大 | 九、九七二 | 二五 | 三、三四〇 | 七〇三 | 二・一 | 八・三 | 一・六 |
| 英國 | 二四四 | 五六 | 四、二五〇 | 二、二〇〇 | 五・二 | 三二・七 | 二二・七 |
| 法國 | 五五二 | 五五 | 四、八九〇 | 二、〇一一 | 四・一 | 四七・七 | 三〇・五 |
| 西德 | 二五〇 | 六二 | 六、一三〇 | 二、〇四三 | 三・三 | 四七・八 | 六五・〇 |
| 荷蘭 | 四一 | 一四 | 一、三三〇 | 三九八 | 三・〇 | 一〇・六 | 一五・〇 |
| 比利時 | 三一 | 一〇 | 七八〇 | 二五五 | 三・三 | 九・二 | 一二・〇 |
| 盧森堡 | 三 | 三七 | 三〇 | 四 | 一・三 | 〇・一 | 〇 |
| 丹麥 | 四三 | 五 | 五五〇 | 一二一 | 二・二 | 三・〇 | 一二・九 |
| 挪威 | 三八九 | 四 | 五五〇 | 一五五 | 二・八 | 三・七 | 一六・五 |
| 冰島 | 一〇二 | 二四 | 二〇 | 〇 | 〇 | 〇 | 〇 |

| | | | | | | | |
|---|---|---|---|---|---|---|---|
| 葡萄牙 | 九四 | 一〇 | 一九〇 | 六三 | 三·三 | 七·三 | — |
| 西班牙 | 五〇八 | 三九 | 一、六一〇 | 三七三 | 二·三 | 三二·〇 | — |
| 義大利 | 三〇一 | 五六 | 三、四八〇 | 九九三 | 二·九 | 三八·五 | 五五·〇 |
| 希臘 | 一三二 | 一〇 | 三〇〇 | 二三〇 | 七·三 | 二〇·二 | 〇 |
| 土耳其 | 七六七 | 五一 | 四七〇 | 二一九 | 四·七 | 六三·〇 | 八〇·〇 |
| 總計或平均 | 七六七 | 六三七 | 六四、二七〇 | 三六、二七四 | 五·六 | 五三九·一 | 四三九·二 |

資料來源：Kimball: 40, 66

註一：本書所稱生產毛額均係指國民生產毛額（gross domestic product, GDP）；國防預算比重係國防預算除以生產毛額。

註二：美國在歐駐軍人數歷年有所增減，多則四十三萬，少則二十九萬，一九八七年約三十三萬。

註三：冰島無國防武力，僅提供美軍空軍基地。

【表十】華約成員國國力對照表

| | 面積／千平方公里 | 人口／百萬人 | 生產毛額／億美元 | 國防預算／千萬美元 | 國防預算比重／% | 戰備部隊／萬人 | 後備軍人／萬人 |
|---|---|---|---|---|---|---|---|
| 蘇聯 | 二二、四〇二 | 二七七 | 一七、〇〇〇 | 二五、五〇〇 | 一五・〇 | 四六〇・〇 | 二〇〇・〇 |
| 東德 | 一〇八 | 一七 | 一、五〇〇 | 七七一 | 五・一 | 一七・二 | 三三・〇 |
| 波蘭 | 三一三 | 三七 | 一、七〇〇 | 五九一 | 三・五 | 三二、三 | 四一・五 |
| 捷克 | 一二九 | 一六 | 一、二五〇 | 五〇五 | 四・〇 | 二〇・七 | 二五・〇 |
| 羅馬尼亞 | 二三七 | 二三 | 一、二〇〇 | 一三五 | 一・一 | 一九・〇 | 五〇・〇 |
| 匈牙利 | 九三 | 一一 | 五五〇 | 二一四 | 三・九 | 一〇・五 | 一三・五 |
| 保加利亞 | 一一一 | 九 | 四〇〇 | 一四九 | 三・七 | 一四・八 | 一五・〇 |
| 總計或平均 | 二三、三九三 | 三九〇 | 二四、二七〇 | 二七、八六五 | 一一・八 | 五七四・五 | 三七八・〇 |

資料來源：Kimball: 40, 66

註：本表之蘇聯戰備部隊未含其遠東駐軍。

**【美國在歐核武戰略】**

美國核武概分短程飛彈（射程約六十公里）、中程飛彈（射程五百至五千五百公里），以及洲際飛彈（射程五千五百公里以上）。短中程飛彈用於局部戰場，主要以軍事設施爲目標，爲戰術性核武（tactical nuclear weapons）；洲際飛彈用於美蘇直接對抗，以人口集中地（如城市）爲目標，爲戰略性核武（strategic nuclear weapons）。五〇年代的「新展望」戰略以戰略性核武爲主，其矛盾是：「西歐人民懷疑美國因自保『不會』以核武反擊蘇聯侵略，亦擔心美國『會』以核武相抗，西歐則難逃浩刼。」（Osgood: 59）六〇年代以來的「彈性反應」戰略以戰術性核武爲主，其矛盾則是：「西歐人民『支持』美國在歐部核，以強化歐美『安全臍帶』（coupling）；他們也『反對』美國在歐部核，以降低歐洲核戰的危險性。」（Joffe 1987: 51）

「彈性反應」戰略下，美國甚盼以傳統武力拖延與蘇聯以洲際飛彈對決的時機，西歐卻無意加強傳統武力，其因在於㈠維持龐大精良的傳統武力所費不貲，影響經濟發展。㈡西歐先進國家出生率低，人口老化，兵源不足。㈢西歐國家武器系統未統一，各國自行發展生產，市場狹小，不敷成本。㈣西歐國家唯恐本身加強傳統武力，令美國不再願對蘇聯動用核武，反而鼓勵蘇聯冒險以傳統武力進犯。㈤「北約」與「華約」勢均力敵，如引發戰事，勢

將造成全面拉鋸戰，將使歐陸變爲焦土，其毀滅程度並不亞於核戰。(Dean: 75-8, Canby: 42-3)

**【多國核武艦隊的構想】**

一九六二年「古巴危機」後，美國將部署在義大利及土耳其的中程核彈撤離，以回應蘇聯撤除古巴核武。甘迺迪見英法正積極發展核武，有意將核武「歐洲化」，乃於同年美英「納塞會議」(Nassau Meeting) 建議：「北約」建立一支爲數二十五艘軍艦的海上艦隊，每艘艦員包括三種國籍官兵，並配有八枚中程核彈，「北約」國家（包括西德）共同參與核武戰略決策，以補美國核武保護信用之不足，亦可將核戰移至海上，使歐陸免遭浩刼。惟爲免核武擴散與濫用，美國對艦隊使用核武有否決權。此乃「多國核武艦隊」(Multilateral Force, MLF) 之議。

但甘氏構想一經盟國討論後窒礙難行，除了多國艦員訓練管理、語言障礙、生活適應等問題外，且海面艦隊防衛脆弱，易受攻擊；艦隊每年五億美元費用難能公平分配；核武貴在制敵機先，由多國聯合控制，遇事不易果斷，且仍由美國主控，既於強化美國對歐核武保護之承諾無所助益，又何需多國參與，徒增困擾。(Schwartz: 94, 109, 129) 法國總統戴高樂 (Charles de Gaulle) 堅決反對法國武力接受外國節制，美國乃於一九六四年撤回「多國核武艦隊」之議。

戴高樂對美國所主導的「北約」亦無好感，於一九六六年宣布退出「北約」指揮體系，並逕自發展核武，「北約」總部被迫由巴黎遷至布魯塞爾。惟法國仍是「北約」成員國，一九六六年之後，法國與「北約」和西德簽署若干迄今尚未公開的協防密約，且在西德駐有部隊。法國退出「北約」指揮體系對西歐防務雖不致產生實質影響，但對「北約」團結卻造成無可彌補的裂痕。

**【歐洲中程核武的爭議】**

「多國核武艦隊」之議作罷後，「彈性反應」戰略於一九六七年成爲「北約」最高指導原則，惟「北約」本身的戰術性核武及傳統武力一直未有改善。一九七七年蘇聯防空系統更新，美國 F-111 戰機已無力穿越東歐，且蘇聯開始部署新式中程飛彈 SS-20（代替 SS-4 及 SS-5）及逆火式轟炸機（Backfire bomber），足以準確攻擊西歐任何一地，美國對歐核武保證的信用漸喪。西德首相施密特乃在倫敦發表演說，力促卡特政府美國部署新式「歐洲中程核武」（Intermediate-range Nuclear Force, INF），以強化歐美「安全臍帶」，並維持「北約」的「彈性反應」戰略的信用。

卡特反對在歐部署中程核武：㈠SS-20 並不屬「第一擊」（first strike）核武，對西歐威脅不大。（按：「第一擊」核武係指在對方敵意升高之際，用以先發制人、癱瘓敵方核武反擊能力的核武。）㈡西歐所需之潘興二號（Pershing II）及戰斧巡弋飛彈（Tomahawk GLCM）飛程快速，威力優於 SS-20，部署之，將使美蘇中程核武競賽愈演愈烈。㈢西歐領袖（以施密特爲尤）固然迫切需要中程核武，但其顧及民間反核運動之強烈反抗，對美國部核欲擁還拒，態度曖昧。㈣西歐各政府對核彈數目和部署地區存有異議，核彈數目太多將刺激蘇聯，太少則不足以抗衡蘇聯的 SS-20。西德堅拒核彈集中部署於該國，以免遭引戰禍，但分散部署於「北約」各國，必使西歐反核勢力串連，阻力更大。

一九七七年至八〇年初，歐美領袖（尤其卡特與施密特）之間、西歐政府之間、西歐各國政府與反核民間勢力之間因部署中程核武引發激爭，蘇聯藉機離間西方陣營，「北約」團結面臨空前挑戰。「北約」幾經波折，於一九七九年決定在西德、英、義、比、荷部署一〇八枚潘興二號及四六四枚戰斧巡弋核彈（一九八三年開始部署）。

**【中程限武協定之後】**

雷根與戈巴契夫於一九八七年簽訂「中程限武條約」（INF Treaty），美蘇同意在三年限期內拆除雙方所有中程陸上核彈（如潘興二號、戰斧巡弋飛彈、SS-20）。該協定之後，歐洲核武屏障爲美國在德部署之可發射短程核彈的 FB-111 戰機、長矛（Lance）短程核彈炮臺（射程一一〇公里）、射程僅十五公里的榴彈炮臺，以及美蘇「中程限武協定」未涵蓋的英法中程核武。

「北約」防禦以核武爲主，「華約」可能的攻勢卻是以傳統武力爲主。「北約」中程核武則在防止「華約」部隊集結，拖延其攻勢，「北約」中程核武的撤離不啻鼓勵「華約」進犯的意圖。長矛飛彈炮臺射程不及蘇聯領土，其數量僅有蘇聯短程核彈炮臺的十五分之一，且FB-111戰機能否穿越「華約」防空網實行核彈轟炸，以及英法兩國是否願在西德遇襲之際以核武及時施援攻蘇，均是疑問，故「北約」核武嚇阻威信大爲減弱。

麥克肯（Morris McCain）稱：「美國保護歐洲的核子傘已破損不堪，所幸者，天未下雨。」（McCain: 83）此一千瘡百孔的核子傘之所以能維持歐洲近代史次長的太平時期（最長者爲克里米亞戰爭至第一次大戰的五十八年），乃在於美國捍衛西歐的「明確承諾」(clarity of commitment)和「北約」對蘇聯侵略行動是否施以核武報復的「不明確性反應」(uncertainty of response)。(Joffe 1987: 139-40, Rogers: 11)美國核武戰略幾經修正，始終未排除「率先使用核武」(first use of nuclear weapons)的可能性（按：意指「華約」以傳統武力突破西德東境防線之際，美國將發動使用核武反攻），只要美國核武報復之舉存有一線可能，「華約」就不敢越雷池一步。

## 第三節 「北約」與西德安全

一九五四年「巴黎條約」規定西德不得製造或擁有核武，但其領土卻密集部署了全世界最新式戰術性核武；西德四十八萬大軍是西歐國家爲數最眾的戰備部隊，戰事緊急，西德可動員高達一三四萬的兵力，除此尚有四十餘萬的「北約」六國（美、英、法、比、荷、加）軍隊駐守西德境內。西德領土屬於「中央戰區」，是「北約」唯一與「華約」接壤的國家，西德坦克數量占「北約」在「中央戰區」部隊逾六〇%，地面防空武力占五〇%，戰機占三〇%。「北約」每年在西德舉行至少三次師對抗和五千次小型演習，一年造成約四千萬美元的民間財物損失，西德三分之二的領空開放供「北約」空軍每年十一萬架次的低空飛行練習，此外，西德免費提供駐守盟軍四萬處軍用設施及九萬兩千處宿舍，總計逾一八〇億美元。(PIO 1986: 12, 21)

表面上，西德戰略安全受到最周延的保護，實際上所受的威脅卻最爲嚴重。西德防禦縱深最寬處達四八〇公里，最狹處則二二〇公里，「華約」戰機可在十分鐘內飛臨西德的任何一個城市。西德三分之一的居民及四分之一的工業區，集中在兩德邊界以西一百公里以內的區域，戰事一起，無論是使用核武或是傳統武力，均難免兵燹。西德境內重兵集結，核武廣佈，一九五五年「北約」在西德做了一次代號為「白卡」（“Carte Blanche”）的模擬核武空襲，預估西德傷亡人數高達五二〇萬。（Scwartz: 42）與西德臨陣對峙的尚有東德十七萬精銳之師，一旦戰火觸發，無論是勝是負，對德國而言，皆是亡國滅種的浩劫。

**【華約啓釁的可能性及其弱點】**

蘇聯駐防東歐的戰備部隊有三〇師，占「華約」兵力的四六%，戰時自歐俄調派增援部隊可占「華約」兵力的八〇%。紅軍戰略首重速度及數量優勢，大戰開啟，以點突破「北約」第一線，以閃電戰術攫取西德，俾獲談判優勢，頗似德國第一次大戰的「史利芬計畫」。（Lebow: 44-78）兩德邊界八六〇公里，其中三分之一與北德平原相倚，「華約」坦克可在一小時內馳抵漢堡；其餘三分之二雖為森林和臺地，易守難攻，另有三條孔道直通西德內地，成為防禦要點：由「福達隘口」（Fulda Gap）挺進一百公里，可達法蘭克福，腰斬西德南北交通；由「哥廷恩走廊」（Goettingen Corridor）西進兩百公里，直取魯爾重工業區；由「赫夫走廊」（Hof Corridor）可直下史圖佳，占據南德。（Mearsheimer: 20-2）（見圖七）

理論上，在地面戰鬥中的攻方須較守方兵力多出三至四倍，始有勝算。「華約」在兵力和武器數量對「北約」具有三：一的優勢，但此一比例與事實有所出入：㈠「華約」每師編

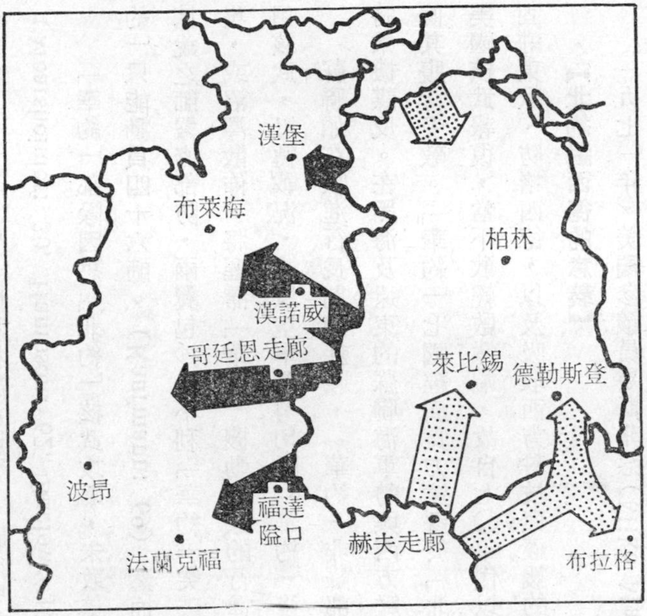


圖七 「北約」與「華約」開戰後在德的可能攻防路線

制（約九千五百人）僅「北約」（約一萬八千人）一半，「華約」兵力實際只較「北約」多出未足兩倍。㈡「華約」坦克雖多，但「北約」坦克、戰機、反坦克飛彈裝備（ATGM）的性能較先進，且「北約」部隊所配備火力和後勤補給優於「華約」，「華約」縱使勉強突破，甚難長驅直入。㈢「華約」戰機多屬短程攔截性質，「北約」在轟炸機和戰鬥機居多，「華約」不易掌握制空權。㈣「華約」部隊平日非軍事的勤務（如築路、助耕、預防民變）繁重，疏於演習，無法勝任閃電戰術。㈤「華約」部隊教育水準低，不乏文盲；官兵關係欠佳，士氣不高；因極權統治影響，戰術思想僵化，非蘇部隊的效忠程度亦待考驗。(Mearsheimer: 30, Hampson: 62, Buelow: 122, Dean: 42, 46)

「華約」部隊因恐「北約」核武攻擊，未敢集結邊境，但在半月內可動員九〇師，「北約」只能動員四十六師。(Kaufmann: 69) 然而，前述西德三條孔道陝隘，且有「北約」精銳之師嚴密部防，兩翼包抄，不利「華約」突破。北德平原防線雖開闊，但城市人口密集，或沼澤散佈，將遲滯「華約」機動部隊的行進，加以「北約」在邊線吃緊之際，可能動用核武，扭轉戰況，或以空軍優勢切斷「華約」後援，故「華約」勝算極微。

蘇聯如在歐進行長期消耗戰，「華約」非蘇部隊恐將叛離，烏克蘭及波羅的海三小邦亦將乘機謀反。在黑海及遠東的蘇聯海軍勢與西方艦隊有番惡鬪，中共與日本可能對之宣戰，使其腹背受敵。「華約」七國經濟實力遠遜於「北約」十六國，不耐久戰，蘇聯恐其本土遭美國核武報復，當不敢輕啟釁端，故自七〇年代以來，蘇聯對歐的策略一直維持保衛歐俄、固守東歐、防堵西德，以及吸取西方科技與經援的守勢。

**【北約對西德的意義】**

一九七一年，美國參議員曼斯菲德(Mike Mansfield)提議裁撤半數駐歐美軍，後因蘇聯領袖布里茲涅夫(Leonid Brezhnev)對西歐野心張狂，未獲通過。雖然「北約」在歐美領袖心目中的重要性不復當年，但美軍撤離西歐之說多年來未曾付諸實踐。其因有三：㈠美國在歐的核武及駐軍是美國保護西歐安全的具體保證，撤軍將予蘇聯一種「美國棄守西歐」的錯覺，而使之貿然進犯。美國駐軍西歐所費甚鉅，但撤軍裁員後，遇戰事而重組相同數量的軍隊派赴西歐的費用，是原駐軍費用的三倍（Greenwood: 196），故「嚇阻戰爭」較「從事戰爭」低廉。㈡美軍撤出西歐的基本條件是蘇聯相對撤出東歐，然東歐是蘇聯的國防屏障，蘇聯勢難放棄，卽使紅軍撤出東歐，因地緣之便，隨時可以重返，美軍則須漂洋渡海，需時費力。美軍撤退，西歐藩籬盡撤，「北約」防務若無美國仲裁，內鬨難免，將不敵蘇聯脅迫，成爲禁臠。㈢「北約」嚇阻力量在於美國核武，美軍撤離西歐，西德如擁有核武，將令東西歐國家同感不安；西德如無核武，英法是否有意願及能力使用核武保衛西德，實難逆料。

西歐是美國首要的全球戰略據點，西德則是西歐防禦重鎮。西德歷年黨政領袖在國防外交問題上可分「大西洋派」（Atlanticists）與「戴高樂派」（Gaullists）。前者與美英親善，支持「北約」，贊成美國在歐部核；後者主張與蘇聯及東歐國家和解、「北約」歐洲化、反對在歐部核。前者以「基督聯盟」爲主；後者以「社民黨」爲主。一九六六年法國退出「北約」指揮系統，西德安全繫於美國核武及三十餘萬駐德美軍，「大西洋派」成爲主流。一九六九至八〇年初期「社民黨」執政，西德外交政策漸趨獨立自主，對美國不再言聽計從，並開展「東鄰政策」，與蘇聯友善，「戴高樂主義」盛行。尤其在施密特時期，美德歧見突顯，西德認爲談判重於嚇阻，限武先於建武，美國則恰相反。「東鄰政策」是西德版的「低盪政策」，西德企圖與蘇經貿科技合作，以化敵爲友，美國則認爲西德此舉形同資敵，危及安全。「北約」盟邦的敵我意識含混，艾森豪一九五一年的預言雖不中，亦不遠矣。惟「北約」的實際作用是「排拒蘇聯，結納美國，鉗制德國」(keep the Soviets out, the Americans in, and the Germans down, Rupnik: 273)，故僅以「防蘇」功能來決定此一組織存在的意義，實失之褊狹。

兩位國學者引用童話《格列佛遊記》(*Gulliver's Travels*) 中一節來形容西德在「北約」的地位：格列佛遇難小人國，在昏迷時被綑綁降服，簽約自保，成爲小人國的捍衛戰士，惟小人們均知格列佛只是「虎落平陽被犬欺」，俟其元氣恢復，終將揚長而去，小人們的忐忑不安可想而知。(Bulmer & Paterson 1989: 96) 弗芮 (Eric Frey) 亦稱：「西德軍力之強足以遏阻蘇聯大軍，卻不足以侵擾盧森堡。」(Frey: 65)「北約」本有「防蘇」與「防德」的雙重意義，「防德」是「北約」和「華約」的共識，只要德國維持分裂局面，東西德分別爲美蘇陣營的陣前先鋒，這個中歐昔日的「泰坦巨人」(Titan) 就不敢輕舉妄動，蘇聯也樂與西歐和平相處。

對西德而言，參與「北約」是其戰後「西向政策」的第一步，西德因而恢復「附加但書」的主權：它獲准建軍，並享受西方盟邦之協防（但四〇餘萬西方部隊進駐其境內）；它與美、英、義共籌「北約」核武戰略（但本身不得擁有核武，其境內核武使用的最後決定權操諸美國）；它獲得西方盟邦的接納，重返國際社會（但其國際人格仍將決定於遲未簽訂之和約）。根據歷年來的問卷調查，「北約」一直受到八成以上的西德人支持，美國駐軍西德的重要性亦獲七成以上的西德人肯定。（Feld: 403）西德藉著「北約」獲取準主權、國防安全、美式民主的經驗，以及國際事務的發言權；美、英、法藉著「北約」將西德納入西方安全體系，以軍事對峙來凍結德國分裂的現狀，使西德不致在兩超強間投機遊走，與風作浪。凡此，正是韓瑞德（Wolfram Hanieder）稱許「北約」對歐洲秩序的貢獻：「確保德國安全，亦要求德國提供（歐洲）安全」（security for Germany, security from Germany）（Hanrieder: 37）。

# 第六章　西德與「歐市」

## 第一節　歐洲統合的理想與現實

第二次大戰結束，西歐國家眼見赤禍囂張，深知如不捐棄成見，攜手致力合作，恐難抵禦蘇聯侵略，惟亦知如一昧接受「馬歇爾計畫」的經援，終不免淪爲美國的勢力範圍。値此歐洲百廢待舉，民心思變之際，歐洲有識之士倡言成立「歐洲合衆國」，以因應經濟重建、集體安全的需求。

戰後歐洲統合的構想除了包含「防德」和「防蘇」的戰略考量，另有同舟共濟，謀求區域性經濟復興之意，並在全球政治舞臺爭得一席之地，化解東西歐之分裂，進而實現「歐洲合衆國」，以與美蘇抗衡。西歐意見領袖對達成歐洲統合的方式、過程及終極目標，概持兩種理論，一爲「聯邦派」(federalism, or supranationalism)，另爲「邦聯派」(unionism, or intergovernmentalism)。

**【聯邦派和邦聯派】**

「聯邦派」主張成立超國家(supranational)機構，將成員國主權轉移該機構，以有效遂行統合政策，俾消弭國界，建立一個歐洲聯邦(a European federation)；「邦聯派」則認爲西歐人文條件遠較成功的邦聯國家(如美、加、瑞士)差異爲大，整合不易，主張在不犧牲各國主權的前題下，西歐國家拓展合作關係，以多國性協約強化團結，俾建立各政府間(intergovernmental)機構。「聯邦派」堅信西歐唯有先創立超國家機構，始能大力推動統合政策，否則委諸各國政府，囿於各國利益，統合進度勢遭拖延；「邦聯派」則認爲超國家機構與各國人民疏離，根本無從因地制宜，反映民意，且各國人民對之鞭長莫及，無從監督，其間產生政治眞空，易爲外力所乘，故而各國統合政策的研擬，應先於超國家機構的設立。(Max & De Vrel: 170-1, 173-4, Gerbet: 39)

戰後歐陸國家多支持「聯邦派」：西德因其當時主權地位飄搖，加入超國家機構，可以平等地位爭取國家利益；荷、比、盧等小國歷代備受德法侵伐支配，深恐日後該二國復聯手稱霸歐陸，故欲藉超國家機構制衡之；義大利人則素來不滿本身官僚效率、經濟科技水準和社會結構，亟思透過超國家機構吸取德法長處，改善其國家體質；法國雖不似英國明顯傾向

「邦聯派」，但對「聯邦派」的態度模稜兩可。現代國家主義以法國爲濫觴，法人沉緬於主導歐洲政治的光榮歷史，戰後力圖振奮法蘭西精神，故極不願其主權受制於超國家機構；然法國領袖頗願藉整合歐洲之名義，監控西德力量，且法德農工結構互補性強，兩國經濟合作互蒙其利，此外，法國亦期藉以統領西歐，恢復法國的國際地位。（Tugendhat: 84-8, 109, 113, Simonian: 25）

**【舒曼計畫、歐洲煤鋼共同體、歐市】**

「聯邦派」主將法國外長舒曼（Robert Schuman）和法國經濟重建計畫主持人莫奈（Jean Monnet）於一九五〇年提具「舒曼計畫」（Schuman Plan），並聲稱：「歐洲統合非一蹴可成，其成功端賴各國具體行動所凝聚的『實質團結』（de facto solidarity）而致。」（*CEC*, July 1988: 43）

「舒曼計畫」建議將一九四八年所成立的「國際魯爾區管治局」（International Ruhr Authority）擴充爲「歐洲煤鋼共同體」（European Coal and Steel Community, ECSC, 簡稱「歐煤體」）。法、西德、義、荷、比、盧六國於一九五一年簽署「巴黎條約」（Treaty of Paris），翌年創立「歐煤體」。「國際魯爾區管治局」的功能在協調法德共管魯爾工業區，使德國不再藉該區資源重建武力，威脅法國；「歐煤體」的功能則在促進六國重工業的合作生產，以協調經濟發展、相互監督實力。

「聯邦派」在「歐煤體」創立後，進一步提出「歐防體」和「歐洲政治共同體」(European Political Community, EPC) 的構想，企圖將整合範圍自重工業擴及經貿活動、國防安全、對外關係，但皆因法國反對而作罷。其後，「聯邦派」仍堅信「功能論」(functionalism)，認爲共同體成員國非政治性範圍之整合，假以時日必會「自動擴散」( spill over automatically) 至政治性範圍的整合。屆時，跨國性利益團體的影響力將凌駕各國政府之上，催促成員國加強統合，形成聯邦體制。(Haas: xxxiii, 16)

「聯邦派」對「歐煤體」之擴散作用寄以厚望，「歐煤體」六國代表於一九五七年簽署「羅馬條約」(Treaties of Rome)，翌年成立「歐洲經濟共同體」(European Economic Community, EEC，簡稱「歐經體」) 和「歐洲原子能共同體」(European Atomic Energy Community, Euratom)，將六國整合範圍擴充至關稅、農業、經貿、金融、社會福利、核能工業等方面，並揭櫫成員國人民、貨物、資金、勞務自由流通的目標。一九六七年，前述二組織與「歐煤體」合併爲「歐洲共同體」(European Communities, EC)，或稱「歐洲共同市場」(European Common Market，簡稱「歐市」)。英、丹、愛於一九七三年加入「歐市」，希臘於一九八一年加入，西、葡於一九八六年加入，「歐市」成員國共計十二

個。（見表十一和表十二）

「羅馬條約」明確訂立了更廣泛的整合功能，但因法國作梗，「歐經體」的超國家色彩較「歐煤體」更為淡薄。「歐煤體」和「歐經體」行政和立法的權力均集中於「執行委員會」（Commission）及「部長理事會」（Council of Ministers）二組織。「執委會」十七位委員由成員國政府任命，任期四年，其間推選主席，任期兩年，不受本國政府指揮或干

【表十二】一九八七年歐市成員國經濟實力對照表

| | 面積／千平方公里 | 人口／百萬人 | 平均每人生產毛額／美元 | 就業人口比率％ 農業 | 工業 | 服務業 | 失業率％ |
|---|---|---|---|---|---|---|---|
| 法國 | 五五二 | 五六 | 一二、五六九 | 七・一 | 三〇・八 | 六二・一 | 一〇・六 |
| 西德 | 二五〇 | 六一 | 一三、〇六五 | 五・二 | 四〇・五 | 五四・二 | 六・四 |
| 義大利 | 三〇一 | 五七 | 一二、〇一一 | 一〇・三 | 三二・六 | 五六・八 | 一一・〇 |
| 荷蘭 | 四一 | 一五 | 一二、〇二三 | 四・七 | 二七・一 | 六八・二 | 一〇・〇 |

| | | | | | | | |
|---|---|---|---|---|---|---|---|
| 比利時 | 三一 | 一〇 | 一二、五九三 | 二・八 | 二八・七 | 六八・五 | 一一・六 |
| 盧森堡 | 三 | 三七 | 一四、四三一 | 三・六 | 三一・五 | 六三・九 | 二・七 |
| 英國 | 二四四 | 五六 | 一二、一二一 | 二・四 | 三〇・二 | 六七・四 | 一〇・六 |
| 愛爾蘭 | 七〇 | 四 | 七、三九二 | 一五・四 | 二八・一 | 五六・五 | 一八・〇 |
| 丹麥 | 四三 | 五 | 一三、〇八六 | 六・五 | 二六・五 | 六七・〇 | 五・九 |
| 希臘 | 一三二 | 一〇 | 六、二四七 | 二七・〇 | 二八・〇 | 四五・〇 | 七・九 |
| 西班牙 | 五〇八 | 四〇 | 八、五一六 | 一五・一 | 三二・三 | 五二・五 | 二〇・六 |
| 葡萄牙 | 九四 | 一〇 | 六、一七六 | 二三・二 | 三四・九 | 四二・九 | 六・八 |
| 總計或平均 | 二二六九 | 三六一 | 一〇、七六九 | 一〇・二 | 三一・〇 | 五八・八 | 一〇・二 |

資料來源：Eurostat 1989

【表十二】一九八七年歐市成員國經濟實力對照表（續）

| | 通貨膨脹率% | 能源依賴進口比率% | 進（出）口地區之百分比：其他歐市國家 | 進（出）口地區之百分比：美國 | 進（出）口地區之百分比：日本 | 出超額／千萬美元 |
|---|---|---|---|---|---|---|
| 法國 | 三・一 | 五五・九 | 六六（六〇） | 六（七） | 三（二） | 負一六〇六 |
| 西德 | 〇・二 | 五三・六 | 五五（五三） | 六（九） | 六（二） | 七二八四 |
| 義大利 | 四・八 | 八六・四 | 五七（五六） | 五（一〇） | 二（二） | 負 九五一 |
| 荷蘭 | 負〇・二 | 一五・一 | 六二（七五） | 七（四） | 四（一） | 一四〇 |
| 比利時 | 一・五 | 七一・五 | 七二（七四） | 五（五） | 三（一） | 負 八三 |
| 盧森堡 | 〇 | 九九・六 | | | | |
| 英國 | 四・二 | 一五・五 | 五一（四九） | 一一（一四） | 六（二） | 負二六六四 |

| | | | | | | |
|---|---|---|---|---|---|---|
| 愛爾蘭 | 三·一 | 六四·七 | 七一（七三） | 一五（八） | 三（二） | 二五九 |
| 丹麥 | 四·〇 | 六五·二 | 五四（四九） | 五（七） | 四（四） | 負二三 |
| 希臘 | 一六·〇 | 六三·三 | 六一（六七） | 三（七） | 四（一） | 負七一五 |
| 西班牙 | 四·三 | 六三·三 | 五五（五九） | 八（八） | 四（一） | 負一一一五 |
| 葡萄牙 | 九·三 | 九四·一 | 六四（七一） | 五（六） | 四（一） | 負四七一 |
| 總計或平均 | 四·二 | 六二·四 | 五九（五九） | 七（九） | 四（二） | 九九 |

資料來源：Eurostat 1989

預，以代表超國家立場，「聯邦派」色彩較強；「理事會」係就討論主題由成員國政府派遣相關部長與會，代表各成員國之利益，主席任期半年，由成員國政府依國名原文字母順序（按：比、丹、西德、希、西、法、西、愛、義、盧、荷、葡、英）輪流指派，「邦聯派」色彩較強，「執委會」和「理事會」互爲敵體。「歐煤體」的「執委會」負責立法，由「理事會」以多數決行使同意權；「歐經體」的「理事會」則對「執委會」之決議以一致票決(unanimity)行使同意權，意卽任一成員國政府享有否決權。

**【聯邦派的三個努力指標】**

在「羅馬條約」中，「聯邦派」略顯失勢，該條約仍爲「聯邦派」明示三個推動理想的努力指標：

「歐市」於一九七九年舉行首度「歐洲議會」(European Parliament) 普選。「歐洲議會」的五〇八位議員原由各國國會委派，負責監督預算，有複決法案和罷免「執委會」委員之權，但無創議及否決提案之權，權限遠不如「執委會」和「理事會」，普選賦予「歐洲議會」(卽下院)與「執委會」(卽上院)分庭抗禮、共同立法的民意基礎。會址在法國史特拉斯堡 (Strasbourg) 的「歐洲議會」之主要實權在於「歐市」立法過程可以表達異議。一九八七年至九〇年之間，「執委會」對「歐洲議會」所提的一七二四件法案修正意見接受了一〇五二件，其中七一九件並經「理事會」認可而正式立法(*Economist*, Nov. 10, 1990)，足見「歐洲議會」原本象徵性的角色日漸充實。

「執委會」、「理事會」和「歐洲議會」的權力分配乃「聯邦派」和「邦聯派」彼此爭論的焦點之一。傾向「聯邦派」的西德支持強化「歐洲議會」；傾向「邦聯派」的英國堅持

「理事會」獨大；贊成「歐市」整合，但本身爲中央集權制的法國則主張「執委會」與「理事會」相互制衡。（*Economist,* March 30, 1991）「歐市」是否成爲聯邦體制，超國家色彩強烈的「執委會」和「歐洲議會」之權力能否凌駕各國利益充斥的「理事會」將是第一項指標。

自一九八七年「單一歐洲法案」（Single European Act, SEA）通過以來，「理事會」對特定重大法案採取「資格性多數票決」（qualified majority），以加速促成歐洲單一市場。所謂「資格性多數票決」，卽各成員國在「理事會」代表各一，依各國人口多寡比例，法、西德、義、英代表各持十票，西班牙八票，比、荷、希、葡各五票，丹、愛各三票，盧森堡兩票，共計七十六票，議案如獲五十四票卽可通過，意卽兩大國加一小國，或一大國加二、三小國，始有能力杯葛「執委會」的提案。「資格性多數票決」顧及成員國實力大小的差異，並限制成員國擅用否決權，拖延「歐市」統合的進度。以「資格性多數票決」逐漸取代一致票決表決重大法案，將是「歐市」邁向「聯邦制」的第二項指標。

「歐市」統合的理想方式是由一個「經濟共同體」提升爲「政治共同體」，將整合範圍由「低層政治」（low politics，如關稅、經貿、文教、社會福利、能源、環保）擴散至「高層政治」（high politics，如外交、軍事）。一九六二年戴高樂提出「弗榭計畫」（Fouchet

Plan），建議「歐經體」六國成立「歐洲政治聯盟」（European Political Union），加強外交、軍事、經濟、文化等方面的合作。惟因戴氏力主該聯盟爲各政府間機構，各成員國享有否決權，並脫離「北約」，另組防衛體系。其他五國堅決反對，「弗樹計畫」於同年夭折。

經由一九六九年「歐市海牙高峰會議」（Hague Summit）的建議，翌年「歐洲政治合作組織」（European Political Cooperation, EPC，簡稱「歐政組織」）成立，一九八七年定總部於布魯塞爾，第二度嘗試將「歐市」整合範圍擴展至「高層政治」。「歐政組織」有明顯「弗樹計畫」的影子，一九七四年增設「歐洲會議」（European Council），每年召開兩次的高峰會議，其間各國領袖、外長及「歐市」主席，研商對外關係和突發政治事件之共同立場。經「歐政組織」協調，「歐市」成員國於一九七三至八五年間，每年對「聯合國」議案持一致表決立場者，占全部議案最高達五七%，最低亦達三六%，成效顯著。(Serre: 361）此外，歐美三十五國於一九七三年召開「歐洲安全與合作會議」（Conference on Security and Cooperation in Europe, CSCE, 簡稱「歐安會議」），於一九七五年簽署「赫爾辛基協定」（Helsinki Agreements, 參見第八章第二節），亦爲「歐政組織」積極推動所致。

「歐政組織」僅具諮商與協調功能，無法強制成員國採行其決議，另外，「單一歐洲法案」明示「歐政組織」不得過問涉及「北約」及對美關係事宜，故該組織發展備受限制，只能對突發事件做被動反應，少有創舉。惟「歐政組織」是「歐市」負責整合成員國外交政策的主要組織，該組織能否擴充其政治整合之功能，乃「歐市」將來是否蛻變爲超國家機構的第三項指標。

## 第二節 「歐市」的對外關係

對「歐市」內部整合問題，其成員國有「聯邦派」和「邦聯派」之爭，而對其對外關係，各國則有「戴高樂派」和「大西洋派」，以及「加深整合派」(deepeners) 和「拓寬整合」(wideners) 之爭，這些路線歧見均彰顯於戴高樂總統任內。

**【戴高樂和歐市】**

戰後西歐在美國羽翼下成長，其發展不免深受此一超強的影響，然美國畢竟與歐洲有一洋之隔，立國以來向不願涉入歐洲事務，故其戰後長久支配西歐政經走向不僅反地理、反歷史，亦有損歐人的民族自尊心。「戴高樂派」爲西歐排拒美國影響的本土勢力，「大西洋派」則體認西歐無法自外於美國影響的現實，主張加強歐美合作關係。前者以法德爲主，後者以英荷爲主。

戴高樂認爲美國非我族類，視蘇聯爲歐洲和平秩序不可或缺的一部分，主張對蘇聯及東歐國家施行「和解、協盟、合作」（detente, entente, cooperation）政策，以區域性的歷史認同、政經利益、民間交流，在「大西洋至烏拉山之間」建立一個以法德爲首的歐陸聯盟。雖然戴氏的和解政策因一九六八年蘇聯進犯捷克之舉中挫，但「戴高樂主義」代表歐洲自兩超強對峙局面力求解放的自覺意識，在冷戰另闢蹊徑，化解僵局。戴氏力主歐洲團結合作，在美式資本主義和蘇式共產主義之間建立「第三勢力」（third force），然其所謂團結合作的型態乃鬆散的邦聯制，在「保有祖國觀念的歐洲」（"Europe des patries", or Europe of fatherlands）的觀念下，各國仍維護自身的歷史傳統、國家主權及外交自主。「歐安會議」的成立、全歐反核反戰的和平運動、西德的「東鄰政策」，甚至戈巴契夫於一九八五年上臺以來所倡導「歐洲共同之家」（Common European House）的觀念，莫不是以此主義爲宗師。

關於「歐市」整合進展的派別概分兩種：「加深整合派」指強化「歐市」現有組織和法令的超國家性質，以鞏固歐陸政經核心，著重整合的深度；「拓寬整合派」指結納新成員國，以增加「歐市」在全球事務的聲勢，強調整合的廣度。以「歐市」成員國有限的誠意和資源，此二走向幾乎無法同時並行。戴高樂視「歐市」爲法國勢力的延伸，其理念與「舒曼計畫」南轅北轍，故有論者謂：「戴高樂在『歐洲合眾國』的第一任總統和法國的末代國王之間，選擇了後者。」（Von Staden: 20）戴氏反對「歐市」的「加深」，以免西德藉在超國家機構的平等地位徐圖壯大；亦反對「歐市」的「拓寬」，以免英國加入，威脅法國的領導地位。戴氏將「歐市」視爲其節制德英的外交工具，故在其法國總統任內，「歐市」未「加深」，亦未「拓寬」。由於戴氏的堅持，「歐市」六國於一九六六年簽訂「盧森堡協定」（Luxembourg Agreement），暫緩實施「資格性多數票決」，遲滯「歐市」超國家化的進度。同年戴氏訪問蘇聯，並迫「北約」總部遷離巴黎，西方國家外交陣營大亂，將「歐市」帶入黑暗期，至「海牙高峰會議」始獲明朗。

**【英國與歐洲自由貿易協盟】**

英美兩國基於盎格魯薩克森民族的共通性、二次大戰的盟誼，以及從羅斯福與邱吉爾至雷根與柴契爾夫人（Margaret Thatcher）的兩國領袖私交等因素，其間關係之密切自非他國可望其項背。反之，英國與歐陸國家在政治體制、經濟理念，以及對外關係大不相同：英國爲兩黨政治，歐陸國家爲多黨政治；英國尊重自由貿易及市場機能，歐陸國家習於政府干預及偏重保護主義。英國在全球殖民地甚眾，與「大英國協」各屬國的經濟關係密切，而歐陸國家對海外市場的依存關係不深。(Calvocoressi: 177, Max & De Vrel: 191-2)

英國的民主制度及經濟思想爲美國所因襲，其意義猶如古希臘之對羅馬帝國。然對反美的戴高樂而言，英國在歐地位仿若美國的「特洛伊城木馬」(Trojan horse)，意卽英國將不惜犧牲歐陸國家的利益，助長美國主宰歐事。(Von Staden: 24) 英國之未成爲「歐市」創始國，亦與英國無意參加的因素有關：英國以其孤處海島、仲裁歐事的傳統外交爲榮，對歐陸未改曩昔權力平衡的觀念，對法國統合歐陸的意圖頗爲猜疑，故對草創的「歐市」亦表疏離冷漠。

「歐經體」成立後，英國以「斯德哥爾摩會議」(Stockholm Convention) 結合「歐洲經濟合作組織」內不願加入「歐經體」的國家（奧、丹、挪、葡、瑞典、瑞士），於一九六〇年創立「歐洲自由貿易協盟」(European Free Trade Association, EFTA, 簡稱「歐協」)〈見圖八〉，芬蘭、冰島、列支登斯坦 (Liechtenstein) 隨後加入，但英、丹、葡三國後退出，轉加入「歐市」，「歐協」成員國現爲七個。

「歐協」與「歐市」主要不同之處在於前者是各國政府間的組織；後者是超國家組織，前者旨在打破成員國間的關稅壁壘，並促進消除全球貿易障礙；後者則意在成立關稅同盟，

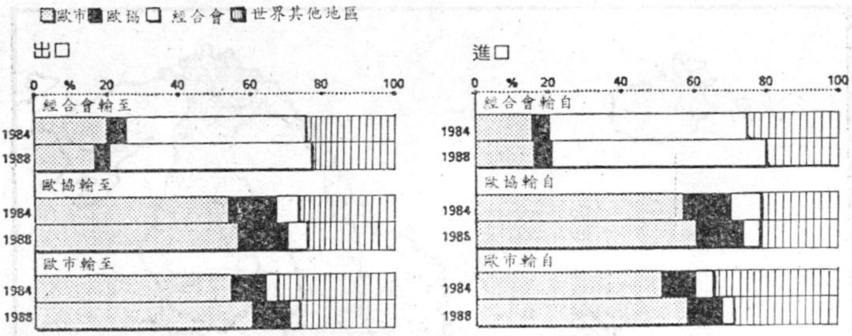


圖八　歐洲三大經濟集團的貿易對象

（全歐貿易量的百分比）

消除內部貿易障礙，聯手對外設立一致稅率，成為在世界經濟自成一格的集團，前者標榜自由貿易，對外開放；後者保護主義色彩濃厚，對內取向明顯。「歐市」與「歐協」互為首要貿易夥件。兩者於一九七三年簽訂「自由貿易協定」（Free Trade Agreements），逐年消除雙方進口關稅，關係日形密切，又於一九八四年發表「盧森堡共同宣言」（Luxembourg Declaration），倡議成立「歐洲經濟區域」（European Economic Space）。但是「歐協」多數國家為中立國（僅丹、挪、葡為「北約」成員國），其若加入「歐市」，如何逃避「歐政組織」的外交合作，以及「北約」的軍事合作（按：「歐市」成員國中，非「北約」成員國者僅愛爾蘭），是一大難題。〔見圖九〕

**【美國與歐市】**

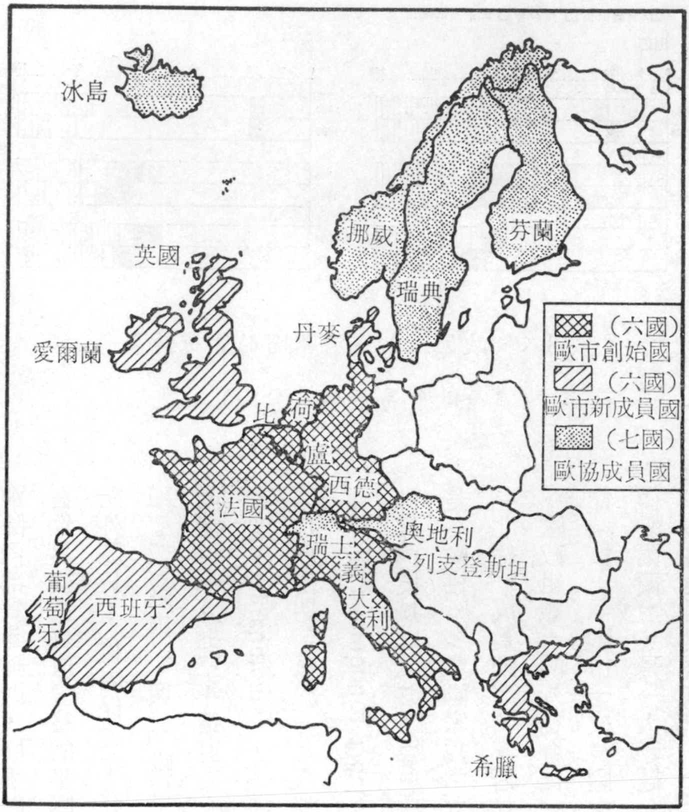


圖九　「歐市」與「歐協」

「馬歇爾計畫」是美國戰後「布列頓森林世界經濟體系」的重要一環，「歐市」是「馬歇爾計畫」的副產品，美國期許「歐市」自立自強後，共同維護全球自由貿易秩序。五〇年代後期，美國國際收支逆差惡化，西歐經濟卻日益復甦，美國對西歐整合過程漸失影響力，甘迺迪深恐甫成立的「歐經體」成爲美國經貿勁敵，遂於一九六二年發表「大藍圖宣言」（Grand Design），將歐美戰後主從關係重新釐定爲平等互助。他呼籲「歐經體」遵循自由貿易精神，降低關稅，開放市場，且力促「歐經體」接納英國，以強化合作關係。惟甘氏對歐親善之行動爲戴高樂所杯葛，後者兩度拒絕英國所提加入「歐市」之申請，「歐經體」於一九六三年通過保護主義色彩濃厚的「共同農業政策」（Common Agricultural Policy, CAP），與美國展開農產品貿易戰，歐美關係陷入低潮，「大藍圖宣言」徒託空言。

一九六九年戴高樂下臺，歐美關係亦未見好轉。美國於一九七一年遭遇七十餘年來首次的貿易赤字，尼克森力圖恢復國內景氣及改善國際收支，宣布美元停止黃金兌換，建立「美元本位制」（dollar standard），並加徵進口稅，破壞國際貿易和金融規則，而使戰後「金匯兌本位制」（gold-dollar standard）的「布列頓森林體系」瓦解。尼氏此一因應措施事先未與西歐國家協商，被「歐市」視爲「充滿敵意之舉」（Ginsberg: 267）。一九七〇年甫成立的「歐政組織」正凝聚西歐國家獨立自主的外交力量，一向親美的英國迫於經濟窘況於一九七三年加入「歐市」，加以美國與蘇限武談判及其越南、中國政策，引起西歐盟國極大震撼，歐美關係再陷低潮，尼克森乃宣布一九七三年爲「歐洲年」，強調歐美盟誼，並表示支持「歐市」整合。西歐國家對美國第二次親善行動無動於衷，雙方關係於「第一次石油危機」（一九七三—七四年），因對石油依存程度不同及對以阿的立場分歧，而益發緊張，因此，尼氏的「歐洲年」無所收穫。

八〇年代初期，美國政府認爲「歐市」的「共同農業政策」補貼農產品外銷，有違「關稅暨貿易總協定」(General Agreement on Tariffs and Trade, GATT)；「歐市」對於蘇聯進犯阿富汗和波蘭實施戒嚴，未隨美國對蘇採取經濟制裁，反於同時期與蘇合作建築西伯利亞天然瓦斯管線；「歐市」積極參與中南美洲政經事務，侵入美國傳統勢力範圍。此外，「歐市」對中東問題的對策亦與美國歧異，凡此均使原本忽弛忽張的歐美關係平添陰影。

美國是「歐市」在歐陸以外最大的貿易夥件，且其軍事保護非他國所可取代，故西歐斷無可能與美國反目絕裂；反之，「經互會」在「歐市」對外貿易的比重於一九八七年僅占美國對「歐市」貿易值的三分之一。「歐市」雖於一九八八年與「經互會」建交，進行貿易、工業、科技的合作，然雙方貿易關係因政經結構的迥異，不可能大幅增進，超越西方國家。「大西洋派」地位固不容動搖，但「戴高樂派」發展空間仍大，基於地緣關係，西歐實無法忽視蘇聯及其東歐附庸國的影響，而力求和解，五〇年代的英國和六〇年代的法國如此，七〇年代以來的西德亦復如此。故只要冷戰持續，西歐就得在「大西洋派」與「戴高樂派」之間搖擺不定。

**【歐市統合的趨勢】**

從「羅馬條約」到「歐洲關稅同盟」的完成，從「渥納報告」(Werner Report) 到「歐洲貨幣制度」(European Monetary System, EMS) 的成立，前後各費時十年，「歐洲議會」成立二十一年後始實行直接選舉，「資格性多數票決」亦由一九六六年延至一九八七年才實施；另一方面，英、丹、愛三國加入「歐市」從申請到獲准，費時十二年，希、葡、西加入則平均各耗費八年的時間，可知「歐市」無論「加深」或「拓寬」，皆是步步惟艱，曠日費時。自「歐市」成立以來，「加深」和「拓寬」之間不易斷言孰重孰輕，惟八〇年代中期以來美蘇在歐對抗氣氛趨緩，「歐協」的中立國不諱言加入「歐市」，而「歐市」亦不再規避與「經互會」加強經貿關係，「拓寬」的進度因而明顯超越「加深」。

一九八六年蘇聯「車諾比(Chernobyl)核能廠事件」令西歐人士憬悟：東歐經濟型態封閉、工業科技落後，其所釀成生態環境的災難，勢將殃及西歐，故西歐對東歐的封閉和落後，無論基於人道立場或歐洲安全的考量，皆無法坐視。俟戈巴契夫實行「改革」(“perestroika”) 及「開放」(“glasnost”) 政策，東西歐間的軍事敵意降低，「歐市」超越意識形態的束縛，回歸合乎地理、歷史、本土認同的區域意識，以追求「歐洲的歐洲化」(Euopeanization of Europe)，戈氏「歐洲共同之家」的呼籲為德法領袖衷心響應，其與五〇年代戴高樂所倡議的「大西洋至烏拉山之間」的歐陸聯盟實有異曲同工之妙。時至八〇年代，「戴高樂派」已突破「中立主義」及「姑息主義」的框框，成為化解歐洲分裂局面的主流力量。冷戰行將結束，世界政經結構趨向區域化，「歐市」、「歐協」、「經互會」之間的合作與整合乃是大勢所趨，閉關自守的「歐洲堡壘」(Fortress of Europe)隱然形成，是以「大西洋派」亟思為歐美關係尋求新的定義。

「歐市」的經濟整合有助於成員國擴大規模經濟、降低商品成本、擴大行銷市場，以及增加國民所得。據一九八七年的問卷調查顯示，「歐市」十二個成員國九五%以上的受訪民眾認為「該國之加入『歐市』既重要且有利(important and beneficial)」，另外，絕大多數的各國受訪者對「歐市」發展為「歐洲合眾國」的前景亦抱持肯定和樂觀的態度。(*CEC*, March 1987: 4, 18)「歐市」現有本身行政機構、旗幟、貨幣、護照，其所訂立的部分法令之位階高於各成員國之國內法，此種強制性的「歐市」法令比例預期將於一九九二年單一市場形成後，提高至成員國相關法規的八成以上，故「歐市」已具備超國家機構的基本規模。然「歐市」成員國的認同程度，較美、加、瑞士境內各邦州的國家認同相距甚遠，且

「歐市」三十餘年來的發展結果未符「功能論者」(functionists)的期望，其經濟整合未見自動擴散至政治整合，且其整合所產生的經濟利益，亦未使成員國對主權問題的堅持絲毫放鬆。

無論「歐市」統合步驟及未來型態爲何，它是目前全球實驗最成功、法令規章最完備的區域性超國家機構。誠如庫司特斯(Hanns Juergen Kuesters)所稱：「『歐市』組織中，各國政府間性質及超國家性質兼俱，靜態(static)和動態(dynamic)因素並存。『歐市』成員國如意願不彰，整合進度則將停滯；但其超國家組織仍爲有心推動『歐市』邁向聯邦體制者提供一個良好的發展基礎」(Kuesters: 94)。因此，屠根哈稱：「『歐市』統合的進展方式頗似盧森堡的『艾其特納舞』(dance of Echternach)——退三步進兩步，每至絕處，總會柳暗花明又一村。」(Tugendhat: 229)

## 第三節　西德的「歐市政策」

「歐市」之創建旨在消弭德法的世紀紛爭，兩國捐棄前嫌，戮力合作，成爲「歐市」數十年來進步的動力。雖然「歐市」統合前途未卜，惟確已免除德法交相征戰，波及全歐的威脅。

**【艾德諾的西向政策】**

西德在七〇年代以前的外交政策爲「西向政策」，此乃德國有史以來首次斷絕與東歐的聯繫，全心全意融入西方體系，「北約」和「歐市」爲西德「西向政策」的兩大重心。對首任首相艾德諾而言，「歐市」至少具有三大意義：㈠「歐市」的超國家主義爲西德提供一種「代替性的國家主義」(substitute nationalism)，一則矯正德國昔日偏激危險的國家主義，另則爲此一分裂國家注入新的認同意識。(Spencer: 12, Kirchner: 427) ㈡西德占第二次大戰前德國領土的四八%，易北河以東的農耕地及廣大市場盡歸波、捷、東德、蘇聯，使西德外貿導向更爲明顯，「歐市」可彌補國內市場胃納量的銳減。(Bulmer & Paterson 1987: 5) ㈢艾氏期藉加入「歐市」換取西方國家承認波昂政府的合法地位，並望「歐市」提供西德重返國際政治舞臺的跳板。(Kirchner: 426, Simonian: 34)

艾德諾深知德國分裂源於東西歐分裂，德國欲統一，非賴西方國家的支持不可，而西歐繁榮強大的先決條件乃德法合作，因此，西德戰後的「法國政策」無疑是其「西向政策」的基石。一九五八年蘇聯進兵捷克，一九六一年柏林圍牆高築，艾氏與戴高樂警覺紅禍逼近，於一九六三年在巴黎簽訂友好條約，即「艾利榭宮條約」(Elysee Treaty)，成爲日後兩國合作的肇端。

坎貝（Edwina Campbell）將一九二五年「羅加諾公約」（參見第二章第三節）之後與一九六三年「艾利樹宮條約」之後的德法關係作一對比：㈠前者只建立於德法外長史崔瑟曼與布里昂的私誼，後者厚植於兩國朝野人士的共識。㈡前者有賴於兩國政要的短暫善意和工商業界的個別利益，後者則在多國性組織（如「北約」和「歐市」）的架構下，將雙方合作關係後制度化，維繫長久。㈢德法在「羅」約後仍一直爲萊茵區駐軍問題爭執不下，雙方在「艾」約則在主權問題多所讓步。例如，艾德諾在一九五五年前，頗願出讓薩爾區，以交換法國合作的善意。（Bark & Gress 1: 427）㈣「羅」約後的德法和解僅侷限於兩國外交官的努力，「艾」約則輔以兩國頻繁的民間交流，此種「國民外交」（grassroots diplomacy）及「基層親善」（detente from below）對促進雙方瞭解裨益甚大。（Campbell: 12-7, 55-63）

艾德諾期望以「艾利樹宮條約」強化西德在西方陣營的地位，並壯大其「西向政策」；戴高樂則意在以「艾」約爭取西德好感，以聯合制衡美英影響。艾、戴氏同床異夢，致使「艾」約促進德法和解有餘，推動西歐整合不足，「歐市」統合進度在戴氏任內備受波折，「盧森堡協定」後更陷停滯，直至一九六九年布朗德及龐畢度（Georges Pompidou）分別出任德法首相（總統），召開「海牙高峰會議」，僵局始告化解。

## 【布朗德的歐市政策】

「海牙高峰會議」導引「歐市」步出黑暗期，其中提出的「渥納報告」及「達威隆報告」(Davignon Report) 分別產生「經濟及貨幣同盟」(Economic and Monetary Union, EMU，簡稱「經貨同盟」）及「歐政組織」的構想，對「歐市」意義深遠。

布朗德爲德國一九二八年以來的首任「社民黨」首相，其上任後極欲與蘇和解，其「東鄰政策」乃在「維持東西歐軍事對峙的僵局，以追求西德外交空間，藉以打破東西歐政治對立的僵局」(Calleo 1987: 235)。然美國因越戰昇高，用兵孔急，有意自西歐大量撤軍（如一九七一年「曼斯菲德提案」），勢將破壞戰後歐洲的軍事均勢，故布氏亟力加強「歐市」功能，穩固西方陣營，以營造「東鄰政策」的有利環境。布氏不存「歐市」的經濟整合可導致歐洲政治統一的幻想，仍大力促成「海牙高峰會議」，以昭信西方友邦，袪除蘇聯疑慮，藉以保證「東鄰政策」不致犧牲「基督聯盟」行之有年的「西向政策」，亦不會因此脫離西方合作架構，而回復昔日獨行俠的姿態，進出東歐。

英國於一九五六年「蘇彝士運河危機」後，注意力自舊日殖民地轉至歐陸，反英最力的戴高樂於一九六九年下臺，布朗德在「海牙高峰會議」全力支持英國加入，以爭取其對「東鄰政策」的首肯，並致力強化「歐市」統合，積極支持「經貨同盟」及「歐政組織」，以安撫法國。龐畢度眼見美國陷於越南苦戰，無心關注歐洲事務，為歐陸國家脫離美國影響的良機；又見西德經濟實力突飛猛進，頗思節制；且「經貨同盟」為「歐市」關稅同盟後的下一步，可增加成員國貨幣匯率的穩定性，排拒美元干擾，有助於法國工業發展。(Simonian: 127, Hanrieder: 286) 艾德諾因其「西向政策」而支持「歐市」的成立；布氏因其「東鄰政策」而推動「歐市」的「拓寬」和「加深」。

根據「經貨同盟」構想，「歐市」將在十年內成立中央銀行和共同貨幣。但西德領袖基於歷史經驗，對通貨膨脹敏感戒懼，反對遷就其他通膨偏高的成員國（如法、義、英）所採行擴張性的貨幣政策，故主張協調成員國的經濟政策為第一優先；法國首重刺激經濟成長，解決高失業率問題，較不顧忌通膨，堅持統合成員國的貨幣政策先於經濟政策。（Bulmer & Paterson 1987: 62-3, Max & De Vrel: 315) 西德為首的「經濟學派」及法國為首的「貨幣學派」對如何達致「經貨同盟」的最終目標，意見分歧，互不相讓。

一九七一年「美元危機」亦導致「貨幣同盟」的中挫。當時尼克森採行「美元本位制」，「史密斯森協議」(Smithsonian Agreement) 調整黃金平價未果，西德力主「歐市」實施「共同浮動匯率制」(joint float)，一則支持美元，另則避免通膨；法國堅持黃金平價舊制，並主張「歐市」力促美元貶值，避免法郎升值，而削弱法國貿易競爭能力。(Simonian:

102, Hanrieder: 294）德法採行的匯率及貨幣政策不同，且對美國外交及軍事上的依存程度不一：龐畢度反美，存心打擊美元在國際貨幣制度之地位，而布朗德因「東鄰政策」需美國支持，不願就美元貶值對美施壓，而容忍美元過剩所產生的國內通膨。

**【歐洲貨幣制度的構想】**

「歐市」因布朗德和龐畢度的歧見，「經貨同盟」無所進展，各成員國於一九七二年改良「共同浮動匯率制」，創立「蛇形浮動制」（currency snake），減少成員國貨幣間的匯率波動（以西德馬克爲中心，調整上下限爲二・二五％），成果差強人意。該制度爲「歐市」實行共同的匯率及貨幣政策之前，提供一相互調適的過渡期，布、龐氏的財政部長施密特及季斯卡（Valery Giscard d'Estaing）亦因而建立良好密切的合作關係。一如前述屠根哈「艾其特納舞」之喻，「歐市」峰迴路轉，「經貨同盟」理想隨著「歐洲貨幣制度」的創立而重獲生機。

一九七九年所創立的「歐洲貨幣制度」不若「經貨同盟」構想的野心大，它實爲一種「匯率同盟」，以新創「歐洲貨幣單位」（European Currency Unit, ECU）爲中心，成員國之間固定貨幣匯率，但「歐洲貨幣制度」較「蛇形浮動制」更爲周延：㈠除英、希、葡外，「歐市」成員國均參加，其穩定效果較大。㈡因該制度的成員國不僅不能自由進出，亦不得擅自調整本國幣值，約束力較大。㈢該制度備有合作基金，適時挹注經濟情況不穩的成員國，以防範通膨蔓延。

「歐洲貨幣制度」係由一九七四年上任的西德首相施密特提出。一九七七至七九年美元疲弱，「歐市」對卡特政府的貨幣政策信心不足，施、卡氏衝突迭起，關係甚惡。反之，施氏與季斯卡（一九七四年任法國總統）交往和睦，有利德法合作。此外，施氏較布朗德不熱衷「東鄰政策」，一九七二年的東西德「基礎條約」(“Grundlagenvertrag”, or Basic Law)及一九七五年的三十五國「赫爾辛基協定」只爲兩德統一和東西歐復合帶來渺茫的契機，施氏覺得再無必要屈就美國霸權式的貨幣政策，轉而追求一個匯率穩定、物價平穩的歐洲貨幣秩序。史波林（James Sperling）形容「歐洲貨幣制度」爲「西德領導其他西歐國家向美國所提出脫離美元支配的『貨幣獨立宣言』（declaration of monetary independence）」。(Sperling: 379)

「歐洲貨幣制度」對施密特及季斯卡兩相得宜：對施氏而言，一可防堵美國促成的「通膨輸入」(imported inflation)，又可限制「歐市」成員國濫用擴張性經濟政策，以維持西歐金融穩定及西德出口價格的競爭力。對季氏而言，該制度將西德貨幣政策納入「歐市」管理體系，可充分掌握西德經濟動態；弱勢法郎緊跟強勢馬克，可確保法國免於世界經濟的波動；該制度提供資金貼補，對法國農業裨益甚大，亦有助於其他產業的生產與投資。(Simonian: 279, 281, Hanrieder: 304)

「歐洲貨幣制度」陳義不高，切實可行，爲「歐市」貨幣政策的整合另闢蹊徑，並爲「歐市」一九九二年單一市場鋪設坦途。施密特及季斯卡雖共創「歐洲貨幣制度」，然對強化「歐市」超國家機構頗爲輕忽。西德外長根舍(Hans-Dietrich Genscher)乃與義大利外長科倫玻(Emilio Colombo)合作，於一九八三年發表「有關歐洲聯盟的大宣言」(Solemn Declaration on European Union)，建議增修一九五七年「羅馬條約」，以擴大「歐市」統合範圍至「高層政治」，並健全其決策組織及提高議事效率。由於施、季氏未表興趣，「根、科氏計畫」(Genscher-Colombo Plan)直至德法首相（總統）易手於柯爾及密特朗(Francois Mitterrand)之後，始獲支持。

**【西德推動歐市統合的努力】**

「根、科氏計畫」於一九八一年獲首屆直接民選的「歐洲議會」討論後，通過爲「草案條約」(Draft Treaty)，由各成員國國會認可。一九八五年由柯爾及密特朗主導的「米蘭高峰會議」(Milan Summit)根據「草案條約」提具「白皮書」(White Paper)，決定於一九九二年完成「歐市」單一市場，會後另由一專責會議詳研具體方案。一九八六年「單一歐洲法案」獲各國通過，翌年生效，為「歐市」開闢一嶄新的里程。

從「經貨同盟」到「單一歐洲法案」近二十年的過程中，無論西德歷屆首相動機何在，其在「歐市」均扮演領導整合的角色。然而，西德一直極少在「歐市」獨斷獨行，總願藉「艾利樹宮條約」所建立的德法盟誼，小心推動「歐市」統合，其創議多經法國認可及合作實踐，以避免造成西德獨霸「歐市」的形象，故儘管西德在「歐市」採低姿態，謹言慎行，但其悄然以「歐政組織」營造兩德關係正常化的外在環境，又以「歐洲貨幣制度」建立「西德馬克帝國」（Czempiel: 95），故令西方國家懷疑：西德藉「歐市」重拾其在國際影響力，究竟是「時勢造英雄」，還是西德長久以來即心懷異志，陰圖壯大？

西德長年來利用「歐市」多國性的架構，爭取其國家利益，已漸現其桀傲不馴的本色。柯爾政府近年若干措施尤引人注意：一九八五年西德農業部長在「理事會」首度使用否決權，反對穀物降價；同年西德財政部長拒絕接受「歐市」加徵增值稅之議；一九八六年巴伐利亞邦抗議聯邦政府在「單一歐洲法案」喪失主權太多；同年西德財政部長及聯邦銀行總裁拒絕其他成員國降低利率或升值馬克之請。（Leick: 58）根據一九八九年的一項統計，在「歐市理事會」迄今已通過的六十三項有關單一市場的法令中，英法依規援引為其國內法者各四十九及五十三項，而西德只四十七項，其遵守「歐市」法令的程度在十二個成員國中名

列第六。(*Economist*, Sept. 23, 1989)

**【西德歐市政策的特性】**

對於西德「歐市政策」，至少應從以下三方面探究其多樣的特性：

㈠西德外交政策無可避免的存有國家利益（「東鄰政策」）、區域性利益（「歐市」）及全球性利益（與美關係）的矛盾與衝突。西德係一分裂國家，爲「歐市」所有成員國唯一在東歐繫有切身利益者，其「西向政策」益發成功，而其「東鄰政策」則益受束縛。「歐市」占西德外銷總值的一半，而西德三分之一的就業人口從事出口業，易言之，「歐市」養活了西德六分之一的就業人口。(PIO 1987: 2) 然「歐市」一直不能提供西德未來發展的完整空間，畢竟戰後決定德國分裂命運的四強只有英法是「歐市」成員國。西德爲世界第三大工業國及貿易大國，馬克爲全球強勢貨幣，在歐洲以外的地區自有較其他「歐市」國家更深厚的經濟利益，且西德對美國軍事保護之依賴，自較其他「北約」國家更爲殷切。

㈡西德聯邦政府十七部，其與「歐市」業務無直接關係者，僅國防部和「兩德關係部」。(Bulmer & Paterson 1987: 39) 聯邦政府決策過程又涉及首相的統合能力、相關部長的職權自主、閣員所屬政黨權力的配置等因素（參見第四章第二節），加以獨立性強的聯邦銀行、「上院」（「上院」對有關完成單一市場之涉及各邦權益的法案有認可權），以及各邦政府（各邦在布魯塞爾「歐市」總部派有遊說團體，爭取各邦利益）的參與，變數更多。此外，主要政黨的「歐市政策」相異，各黨政策數十年來亦非一成不變：「基民黨」自艾德諾至柯爾對「歐市」支持的程度明顯衰退，「社民黨」自戰後黨魁舒瑪赫（Kurt Schumacher）至施密特由堅決反對變爲策略性的支持，而「基社黨」和「自民黨」的支持及「綠黨」的反對則較無太大改變。因此，西德的「歐市政策」雖非朝令夕改，但確有表裏不一，又不能貫徹持續的行政限制。

㈢「歐市」提供西德產品五六％的外銷市場，但西德也貢獻「歐市」四一％的預算經費，而該經費的七三％花費在西德受益最小的「共同農業政策」，且西德於一九八七年負擔「歐市」預算經費高達九十六億美元，約爲英、法、比、荷、西（對「歐市」預算貢獻較多的另五個國家）之總額。（Atlas: 59,183）雖然歷年西德大多數的受訪民眾（一九八六年：五分之三）支持「歐市」統合的理想，然自一九七三年「石油危機」以來，西德朝野益趨懷疑西德在「歐市」扮演「寃大頭」（“Zahlmeister”）的效益。施密特毫不諱言對「歐市」應付經濟問題之能力及行政效率的批評，但仍善盡成員國的義務；柯爾於一九八五年在「歐市」首度使用否決權，象徵西德政府的「歐市政策」已悄悄的從「集體行動」（multilateralism）轉變爲「一意孤行」（unilateralism）。

西德的「歐市政策」是檢試其戰後國際地位發展的重要依據，也是觀察德人國際行為演變的參考素材。施密特曾表白德人對「歐市」的心態：「西德面對自身雄厚的經濟實力，政治權力的慾望油然而生……西德大可不必刻意表現（戰敗國）自卑心理，但也切勿再犯歷史錯誤，成為歐洲不受歡迎的暴發戶。」（Czempiel: 95）德人萊克(Romain Leick)認為柯爾政府對「歐市」的獨斷行為值得諒解：「柯爾不過由一個理想化的歐洲人回歸為一個正常的德國人……西德不過由一個謙卑忘我的戰敗國，恢復為歐洲另一個自私自利的國家（European egotist)。」（Leick: 55)

一九四五年的西德猶如一個半身癱瘓的傷患，倚靠「北約」和「歐市」兩支拐杖困頓而行，數十年來復健成功，其腳力較正常人過之而無不及，惟其他人皆期望他繼續使用這兩支拐杖，俾便控制其腳程。有鑒於此，西德利用「歐市」爭取國際事務的影響力無論是「時勢造英雄」的無心之舉，或是其處心積慮的蓄意作為，皆是西方國家為確保歐洲秩序必須容忍的。龐畢度政府的外長杰貝(Michel Jobert) 曾稱：「如果我是德國人，我行事一定採『潛水艇模式』——勇往向前，但永不露出海面。」（Bournazel 1987: 78）杰貝畢竟是法國人，不是德國人，八〇年代的西德勢必要挾恃其富強的國力，破浪而出，為歐洲的寧靜汪洋掀起萬丈波瀾。

# 第七章　兩德關係的發展

## 第一節　從「霍斯坦原則」至「東鄰政策」

一九四九年東西德政府先後成立，但美、英、法、蘇均未視德國分裂爲定局，一九五一年韓戰正酣，四強代表在巴黎開了七十四次會議，討論德國問題未果。蘇聯執意德國「統一，但獨立於外國勢力之外」，主張四強部隊撤出東西德，然美國戰後對歐政策爲「雙重圍堵」(double containment)，防蘇亦防德，如德國非軍事化，即便紅軍保證不會趁虛侵入西德，美國也難以坐視一個中立德國的存在，且當時美國視西德是西方國家展現實力、促使東歐非共化的「民主櫥窗」，難以棄守。

蘇聯的「德國中立化」和美國的「德國民主化」南轅北轍，無法妥協。一九五四年英國外長艾登 (Anthony Eden) 提議之舉行全德自由選舉；同年蘇聯外長莫羅多夫提議之召開全歐安全會議（東西德不結盟）；一九五七年波蘭外長拉帕奇（Adam Rapacki）提議之波蘭、捷克、東西德非核化和美蘇撤軍；同年東德執政黨「社統黨」提議東西德撤出所屬盟約，成立全德邦聯；一九五九年西德反對黨「社民黨」提議之全歐非核化和兩德統一；這些解決方案皆未正視美蘇對德政策的底線，以致終無實現的可能。

**【西德的統一政策】**

西德第一位首相艾德諾堅決反對西德中立化，期以「西向政策」打破德國歷代在東西歐間投機搖擺的外交模式。艾氏除了希望引進西方民主，重建西德政治文化外，亦標榜「自由重於統一，統一先於和解」的信念。艾氏的「德國政策」（"Deutschlandpolitik", or German policy）與「基本法」精神吻合，該法有關國家統一問題的基本政策，可綜合爲下列三項：

㈠民族自決（"Selbstbestimmung", or self-determination）西德「基本法」序言載明：「德國人民當依民族自決原則，完成德國之統一與自由。」艾氏對民族自決的具體表現方式認定爲公民投票，認爲東德政權非由蘇區德人自由選舉產生，故不具合法性，反之，波昂政府係由當時約兩千三百萬西德選民投票組成，是德國唯一合法政府。（Muench: 204）

㈡「唯一代表權」（"Alleinvertretungsanspruch", or claim to sole representation）

一九五〇年美、英、法三國外長簽署「紐約公報」(New York Communique)，承認西德政府係「唯一以自由及合法方式組成之德國政府，對外代表全體德國人民」(Hillgruber 1983: 49)。西德「基本法」第八、九、十一、十二、三十八條規定所轄對象爲「全體德國人民」，而非限於「西德人民」。

㈢「德意志帝國續存論」(“Fortbestand des deutschen Reiches”, or the continued existence of the German Reich)「基本法」第一一六條依據一九四四年「倫敦草約」，規定一九三七年底（卽希特勒併吞奧、捷、波三國之前）的德國領土內，凡具有德國血統者爲「德意志聯邦共和國」國民。（按：波昂政府一直視東德人民爲西德國民，東德至西德的難民可自動獲得西德國籍；具有德國血統之東歐難民亦可在提出證明後，取得西德國籍。）「基本法」第八九、九〇、一三四條明示西德聯邦政府繼承「第三帝國」一九三七年領土之水路、公路、鐵道，以及行政產物。西德政府據此否定東德政權之存在，並堅持在四強與德國簽訂和約之前，西德政府不承認奧、奈河爲德波邊界。(Plock: 14)

西德政府因不承認東德政權之合法性，初期皆稱之爲「蘇區」(“die SBZ”)、「所謂的德意志民主共和國」(“die sog. DDR”)，或「朋考」（按：Pankow 爲東柏林首要行政區），而不稱呼其正式國名。艾德諾於一九五五年訪問蘇聯，以與蘇聯建交爲條件，換取戰後滯留蘇聯的一萬餘名德國戰俘之獲釋。當時約二七%的西德人民有親人遭蘇聯拘留，一向反共的艾氏基於人道立場，才赴莫斯科商請釋俘。惟此舉仍備受西德保守人士批評，因東德政權係蘇聯一手卵翼成立，蘇聯於一九五四年承認東德之合法性，而今西德政府與蘇聯建交，不啻承認德國分裂之事實。

艾德諾防微杜漸，在訪蘇之後宣布「霍斯坦原則」(Hallstein Doctrine)。該原則雖以西德首相辦公室秘書長霍斯坦(Walter Hallstein)爲名，實際由當時外長布雷塔諾(Heinrich von Bretano)及稍後出任駐美大使的葛列夫(Wilhelm Grewe)共擬。「霍斯坦原則」即西德政府視他國承認東德爲「不友善之舉」，將與該國斷絕邦交。該原則自不適用於甫與西德建交的蘇聯，艾氏爲此特別聲明：「(西)德蘇建交無礙西德政府代表全德人民之法律地位。」(Plock: 23) 葛氏亦稱：「(西德)與蘇關係是德國突破分裂、達成統一的管道，此非他國可比擬。」(Plock: 13)「霍斯坦原則」乃西德對東德實施外交孤立的宣言，南斯拉夫和古巴因與東德建交，西德先後與之斷交，在該原則下，西德不惜對第三世界國家大量經援，以勸誘其疏離東德。

**【東德的統一政策】**

東西德政府成立之初，西德信誓旦旦要統一全德，而東德念茲在茲者，則是穩固其政權的合法性。東德在其一九四九年憲法明示「以社會主義統一全德」之目標，翌年與波蘭簽約，放棄奧、奈河以東之失地，承認德波戰後疆界。東德認爲一九四五年「第三帝國」無條件投降後，德意志帝國已不存在，其國際人格早由「雅爾達會議」與「波茨坦會議」決定，因此東德是德意志帝國的「部分繼承者」(partial successor)，且爲一個「反法西斯、民主的新國家」。一九五四年蘇聯發表聲明稱，東德爲一個「可自由決定內政外交的主權國家」，東德亦以其「社會主義的優越性」及「西德爲美帝附庸」等論點，質疑波昂政府的合法性。(Plock: 15-7)

五〇年代初期，蘇聯似願以撤回對東德合法性的支持，力促西德勿加入「北約」。東德政權在一九五三年東柏林市民暴動（約兩萬五千人遭拘禁或槍決）後，處於風雨飄搖的不安狀態；艾德諾訪莫斯科，獲蘇聯外交承認，對東德的合法性是另一打擊。俟西德於一九五五年正式加入「北約」，翌年建軍，蘇聯才放棄「德國統一，但中立」的希望，轉而動員共產國家支持東德。惟一九五五年時，正式承認東德的國家除「華約」七國外，僅阿爾巴尼亞、中共、外蒙古、北韓、北越五國。西德自視爲德意志帝國唯一繼承者，不僅償付「第三帝國」所積欠一三五億馬克的外債，並承擔納粹屠殺猶太人罪行的責任，贈予以色列三〇億馬克，以及四億五千萬馬克予猶太人戰後要求賠償的組織，當時承認西德的國家有四十一個，

遍及各大洲。(Jacobsen 1989: 130, 133)

一九五七年，蘇聯共黨領袖赫魯雪夫（Nikita Khrushchev）因「史普尼」衛星發射成功，志得意滿，又眼見美國著手在歐部署中程核彈，乃決意加強控制東德，以確保蘇聯在東歐的勢力。赫魯雪夫一方面要求東德共黨領袖烏布里希（Walter Ulbricht）壓制內部不滿勢力，另一方面謀取西柏林日亟，於一九五八年宣布「倫敦草約」無效，電告美、英、法撤出西柏林駐軍，使之成爲「非軍事化的自由市」，歸東德所轄，並強求該三國與東西德分別簽署和約，徹底解決「德國問題」。赫魯雪夫的悍然行動掀起「第二次柏林危機」，爾後三年美蘇關係緊張（一九六二年爆發「古巴危機」），其間東德工業生產量陡降，人民抗議共產集權統治的聲浪高漲。

**【柏林圍牆的興建】**

烏布里希於一九六一年初，下令以鐵絲網分隔東西柏林分界線，東柏林人民警覺大禍臨頭，紛紛越界湧向西柏林，造成八個月間爲數十六萬人的逃亡潮。烏布里希爲防堵東德人口大量流失，遂於是年八月十二日，在蘇聯首肯下，環繞西柏林興建圍牆。

長達一六五公里的柏林圍牆於一日內修竣，使西柏林完全孤立於東德之中。此一效率神速的工程作業，事前被東德密訂代號爲「中國長城行動」（Operation Chinese Wall），該行動負責人爲當時的「社統黨」安全委員何內克(Erich Honecker)。圍牆興建後，東德軍警嚴格執行與西柏林及西德的邊界管制，至一九八八年共槍殺七十五個意圖越界逃亡的東德人，另計有三萬九千人逃亡成功。(BIB: 80) 甫上任的美國總統甘迺迪反對出兵強迫東德拆除圍牆，此對艾德諾不啻晴天霹靂。艾氏一直主張「西向政策」是德國統一的先決條件，期藉西方國家之支持迫促東德歸附西德，達成統一，而美國政府及其他「北約」國家對東德與建柏林圍牆未予抵制，足徵西方國家只圖維持現狀，並無意因「柏林問題」或「德國問題」與蘇聯攤牌，艾氏的「西向政策」因而備受國內人士的抨擊。

當時西柏林市長(又「社民黨」黨魁)布朗德於一九五八年「金門炮戰」期間，密切觀察美國反應，美國如令在臺灣的國府棄守金門，西德則必無法堅守西柏林。(Morgan: 53) 美國雖未因蘇聯恫嚇而自西柏林撤退，卻坐視柏林牆建立，東德共黨藉以鞏固政權，使東西德分裂演變爲定局。布氏曾於柏林圍牆高築之翌日，籲請甘迺迪出面干預，但遭婉拒。布氏感觸良多，事後稱：「美國對柏林圍牆的反應畏葸輕率，其對本人日後的政治考量至深且鉅。『西向政策』之無用及不切實際，爲本人隨後倡導『東鄰政策』的重要因素。」(Brandt: 20)

柏林圍牆不僅是德國民主自由和共產集權兩個社會的分界線，也是波昂政府「德國政策」的一大分水嶺。從一九六三年艾德諾黯然下臺，其繼任者「德國政策」之重心逐漸由「西向政策」移向「東鄰政策」。西德謹慎實行與蘇聯及東歐國家親善的「東鄰政策」，此與二次大戰前德國視東歐爲其「生存空間」，而亟力擴張侵略的「東進政策」（或「中歐政策」）迥異。（按：「東鄰政策」和「東進政策」德文均爲"Ostpolitik"，惟涵義互異，故用不同譯名區別之。另，波昂政府「東鄰政策」之對象爲蘇、波、捷、東德，其對東德之「德國政策」涵蓋於「東鄰政策」之內，故「東鄰政策」不應誤爲西德對東德政策的代名詞。）

**【波昂政策的扭轉】**

第二次大戰以前，德國一直是東歐國家學習工業化的最佳對象。魯普尼(Jacques Rupnik)以一九三八年「慕尼黑條約」與一九四五年「波茨坦條約」，將東歐國家對德蘇二強的態度劃分爲兩階段：「慕」約之後，東歐反德情緒頗盛，對蘇好感相對增加；「波」約之後，東歐反蘇聲浪昇高，對（西）德恨意逐年消退（Rupnik: 257, 266），西德「東鄰政策」就是配合東歐民心對德蘇態度的轉變而醞釀的。然由「反蘇」扭轉爲「親德」並非一蹴可成，坎貝列舉西德「東鄰政策」較「西向政策」困難的五個原因：㈠西德堅持一九三七年領土，與若干東歐國家（尤其波蘭）戰後實控領土顯有衝突。㈡東歐國家歷代遭德侵凌，歷史仇恨和戒心暫難突破。㈢西德與東歐國家之間，無類似「歐市」和「北約」之多國性組織可供發展和解關係。㈣西德「西向政策」之成功端賴法國一國態度，其「東鄰政策」則須獲數個東歐國家共同接納。㈤德國戰後在東歐的失土仍居住爲數頗眾的「第三帝國」遺民，東歐國家深恐西德的「東鄰政策」會破壞其內部整合。（Campbell: 96-9）

柏林圍牆之建立給予西德朝野人士對國家前途一個自我反省、面對現實的機會：「德國政策」現階段的目標不再是積極的「達成統一」，而是消極的「防止分裂成爲最後定局」；與東德相處之道不再是催迫其內部丕變，而是與之接觸談判，以維繫國家認同意識；「西向政策」不再是爭取西方國家支持德國統一的聲援，而應是創造西方國家與東歐和解的共識；「東鄰政策」的宗旨不應是恢復德國一九三七年的故土，而應對在共產集權下生存的東歐人民寄以人道主義的關懷。西德政府在此一外交新格局中，扮演類似俾斯麥和史崔瑟曼所自詡「誠實的掮客」與「和平的歐洲人」的角色，不僅意味西德政府決意矯正戰後「一面西倒」的對外關係，重返合乎歷史、地理，甚至國家利益的外交環境，更包含此一戰敗國重拾國家信心、爭取鄰邦信任、恢復民族尊嚴的深沉意義。

西德的「東鄰政策」於布朗德一九六九年出任首相後，全面開展，然其前任者埃哈德及吉星格早已盱衡時勢，小心突破。艾德諾執政十四年期間所恪行的「西向政策」和「霍斯坦原則」逐漸與時局杆格不入，斑落失效。

**【東鄰政策的民意基礎】**

二次戰後至六〇年代之間，自東部失土逃抵西德的難民共計一千四百萬餘人，占當時西德總人口逾二二%（Eric Smith: 7），占一九六〇年西德公務人員總數的四分之一（James: 187）。當時西德政府不但設有「難民事務部」，且這些難民自組政黨，在一九五三年大選還獲得二十七個「下院」席次，對戰後西德政治具有相當的影響力。其他西德人民不乏退伍軍人和戰俘，對共黨在東歐荼毒百姓、斲傷民生有親身經歷，頗能認同艾德諾堅定的反共政策。六〇年代後期，難民問題之重要性減退，一九六九年「難民事務部」被裁撤，兩個難民政黨在各級選舉失利，在「下院」未占席次，只能依附在主要政黨之下，勢力漸弱。此外，艾德諾用以凝聚國力、致力經建的反共意識，隨著西德一九五〇至六六年的「經濟奇蹟」及社會穩定，而喪失時代意義。（Paterson 1975: 28, 33）

根據一項民意調查顯示，一九六〇年受訪的西德人民之中，約三八%認爲統一大業是其政府首要政策，該比例於一九六九年降爲二三%，於一九七二年更降至二%。一九六〇年覺得統一無望者占受訪者的三二%，該比例於一九六九年增爲六二%，於一九七二年更增爲九六%。（JOM 1967: 459-60, 1974: 505-6）一九六七年僅一九%的受訪西德人民贊成承認奧、奈河爲德波國界，該比例於一九六九年增爲五〇%。(Whetten: 54) 此外，六〇年代初期至後期，絕大多數西德人民對東德愈來愈疏離，與奧地利無異，認爲東西德應直接談判。(Korbel: 1063, Tilford: 10) 更甚者，同時期愈來愈多的西德人民急於發展東歐市場，而不願承擔西德在統一後將付出的社會成本。彼得森稱：「西德政府（在六〇年代）的統一政策最大弱點，就是國內無一壓力團體在其中有顯著的經濟利益，即便在一九五九年，多數的西德人已不願爲統一而犧牲其經濟利益。」(Paterson 1975: 32)

大致而言，西德天主教會較支持「西向政策」，而基督新教較支持收復東境失土（Tilford: 32），其因在於天主教徒歷代受基督新教的壓抑，而普魯士爲基督新教的大本營，戰後東境失土概爲普魯士故地；天主教會雖未必不熱衷統一大業，但其「重西歐，輕東歐」的傾向至爲明顯。艾德諾、霍斯坦、外長布雷塔諾、國防部長史特勞斯（Franz Josef Strauss）等人皆爲天主教徒，一九六三年基督新教的埃哈德出任總理，外長和國防部長亦換爲基督新教的史律德（Gerhard Schroeder）及哈瑟（Kai-Uwe von Hassel）。埃氏執政，「東鄰政策」在其外交政策之比重明顯增加。

傳統上，「基督聯盟」黨員多爲天主教徒，「社民黨」黨員多爲基督新教，故「基督聯盟」主政期間（一九四九—六九年），「東鄰政策」尚不至於凌駕「西向政策」之上。惟俟吉星格總理任內，「基督聯盟」和「社民黨」共組聯合內閣，由「社民黨」的布朗德出任外長，「東鄰政策」的重要性突顯，至布氏於一九六九年繼任首相，「東鄰政策」水到渠成，匯爲主流。

**【東鄰政策的外在環境】**

六〇年代中期，美國在越南戰事正熾，無心歐事；蘇聯因與中共決裂，東邊防線吃緊；戴高樂首訪蘇聯，法國退出「北約」指揮系統；羅馬尼亞和東德交惡，逕自與西德建交，兩極化國際體系有趨向多元化之勢，西德外交政策亦面臨新的挑戰：㈠西德於一九六五年與以色列建交，沙烏地阿拉伯、埃及、敍利亞、伊拉克、約旦七國相繼與西德斷交，轉與東德建交，爲西德外交重挫。㈡一九六六年，七十餘個亞非拉不結盟國家首度集會於古巴，團結力量，爭取權益，「經援第三世界國家，縮減南北貧富差距」成爲西方國家共同致力解決的問題，已非西德「霍斯坦原則」的專利武器。(Jacobsen 1984: 147) ㈢美國自一九六六年起，催促西德簽署全球性「防止核武擴散條約」(Nonproliferation of Nuclear Weapons Treaty)，西德認爲簽署此約，日後面對核武國家美、蘇、英、法，勢將產生自卑心理，故刻意拖延，另求突破。(Bark & Gress 2: 42, 99)

一九六六年初，埃哈德政府通函一一五個國家（不含東德）呼籲：非核武國家應放棄發展核武，核武國家應逐步減除其核武，東西歐應共同宣布放棄以武力解決國際爭端。(Haftendorn: 167) 該「和平信函」(Peace Note) 建議將「防止核武擴散條約」的限制對象由非核武國家擴及核武國家，以示平等，獲得其他非核武國家的支持。西德政府首度扭轉艾德諾「統一先於和解」的優先順序，將「德國問題」置於全歐和平秩序的架構下，在該函中鼓吹全歐裁減核武和放棄用武。西德不再奢望東德土崩瓦解，而致力推動全歐和解，以期兩德和平共處，爲統一保存一線生機。埃哈德的「和平信函」當時雖未獲蘇聯及東歐國家積極回應，然其爲西德將「德國問題歐洲化」(Europeanization of the German Question) 的一大嘗試，意義重大。

一九六六年底，吉星格上臺，在外長布朗德的鼓舞下，揭示其「東鄰政策」之宗旨爲促進東西歐和平與瞭解，並追求全歐人民的福祉。(Bart & Gress 2: 98) 翌年，吉氏向東德總理史妥夫 (Willi Stoph) 提出有關改善兩德非官方關係的十六點建議，遭史妥夫峻拒，堅持西德應先放棄「唯一代表權」，給予東德法律承認 (de jure recognition)。吉氏雖深受「社民黨」的布朗德影響，願予東德事實承認 (de facto recognition)，但顧忌其本黨保守勢力的反彈（按：吉氏屬「基督聯盟」），對東德在主權問題上未敢大幅讓步。

**【布朗德的德國政策】**

一九六九年布朗德出任首相，大力推動「東鄰政策」，其對東歐政策的轉變於前二任首相雖脈絡可尋，但他乃西德首任「社民黨」首相，而「社民黨」對統一大業一向較「基督聯盟」熱衷，故其任內「東鄰政策」開展的程度迅於往昔。布氏外交方針係由首相辦公室秘書長巴爾（Egon Bahr）一手擘劃。一九六三年，巴爾發表演講，提出「親睦以求變」（“Wandel durch Annaehrung”, or change through rapprochement）的重要構想，主張西德與蘇聯及東歐國家接觸、交流、合作，以改變其共產本質，此一構想後來成為「社民黨」德國政策的基礎。

一九六八年，巴爾以當時外長布朗德首席顧問的身分公布「四階段計畫」（four stage plan）：㈠承認東德為政治實體，㈡與所有東歐國家建交、簽署非戰公約，並承認東歐現有國界，㈢要求美蘇裁減在德武力的三分之二或一半，㈣籲請東西歐所有國家仿效一九二五年「羅加諾公約」，簽約建立泛歐安全體系，「北約」和「華沙」自行解散，美蘇自歐撤軍。（Hahn: 869–71）睽諸布朗德四年半的任期，其外交政策皆據此循序開展。

布朗德「德國政策」的理論基礎及政策考量概述如下：

㈠布朗德認為德意志文化是東西德之間的臍帶，不因東西歐分裂而斬斷，德國在戰後世局變遷下，不僅在法統上仍然繼續存在，文化上亦未分割為二，因此，兩德依舊是一個「文化國家」("Kulturnation", or cultural nation)和「存有民族共識的國家」("Bewusstseinsnation", or nation of common identity)。有鑑於此，政治分裂無礙於其國家(nation)的繼續存在，西(東)德當前課題乃加強兩德談判、交流、合作，使其共存關係制度化("ein geregeltes Nebeneinander", or a regulated coexistence)，以提升雙方民族共屬感("ein Miteinander", or togetherness)。(Doenhoff: 151)

(二)一九五五年「巴黎條約」規定，美、英、法保留對「整體德國」("Deutschland als Ganzes", or Germany as a whole)的權利與責任，布朗德堅稱，西德在與四強簽定和約前，無法正式承認東西德的分裂。(Klein: 175, 177)惟西德承認東德政體的存在事實，雙方互爲平等獨立的政治實體，彼此不相從屬，西德願放棄「唯一代表權」及「霍斯坦原則」。(按：西德於一九六八年和與東德有邦交的南斯拉夫復交，「霍斯坦原則」已形同具文。)布氏政府除改稱東德爲其國名之縮寫"die DDR"外，尚將「全德(all German)事務部」易名爲「兩德(intra-German)關係部」。基於「巴黎和約」，東西德互非外國，只能互派「部長級之全權代表」，而非大使；雙方關係非「外交」，而是一種「一國兩府」("Zwei Staaten in einem Deutschland", or two states in one German nation)的「特殊關係」(special relationship)。(Doenhoff: 151, Jacobsen 1983: 165)

㈢「實質上，（布朗德的）『東鄰政策』是一項安全政策……其宗旨在於改變蘇聯侵略的本質。」(Rosolowsky: 70, 71) 一九六八年蘇聯出兵捷克，並宣布「布里茲涅夫主義」(Brezhnev Doctrine)，稱蘇聯爲捍衛共產主義，對東歐國家有用兵之權利。此舉意味：西德的對外政策不得與蘇聯的安全利益和勢力範圍牴觸，否則蘇聯將不惜動武干預；且決定兩德分合的關鍵在蘇聯，而不在兩德本身。布朗德的邏輯爲「維持（東歐）現狀，以改變（德國）現狀」，唯有在東西歐安全無虞、和平共處的情況下，東西德始有可能復合。與戴高樂類似，布氏頗思以歐洲和平秩序取代美蘇軍事對峙的局面；亦如艾德諾的「西向政策」，布氏的「東鄰政策」須在多國性的架構下發展，否則難致其功。

**【德蘇關係正常化條約】**

布朗德的「東鄰政策」於一九七〇年開展，適逢布里茲涅夫推動其「西向政策」。蘇聯於六〇年代後期，與西方國家的經貿關係加強。其因有三：㈠外貿占蘇聯國民生產毛額比重甚微，直接自西方進口數額更少，但西方科技對蘇聯軍事工業的發展卻有舉足輕重的影響，自一九一七年起蘇聯每一項武器發明或改進均有賴西方科技，始能成功。(Stent: 209) 布里茲涅夫一九六四年上臺以來，蘇聯因與美武器競賽及向外軍事擴張甚力，尤需西方科技。㈡一九六八年蘇聯出兵鎮壓捷克自由化運動，暴露其對東歐國家威權控制的不穩，布里茲涅夫急於要求西方國家（尤其西德）承認蘇聯戰後在東歐的勢力範圍。(Larrabee: 187, Haftendorn: 188-9) ㈢布里茲涅夫與西歐國家進行和解的最終目標是分化「北約」及「歐市」，離間歐美關係，並加強西歐對蘇聯石油和天然氣的依賴程度，以謀取西歐的經濟利益和政治讓步。

赫魯雪夫一向極力討好西德「社民黨」，布里茲涅夫對該黨黨魁布朗德上臺執政頗表歡迎，亦願借重西德在「北約」及「歐市」的地位，來達成蘇聯「西向政策」的目標。(西)德蘇談判初期，對討論議題的優先順序存有歧見，前者認爲「宣布放棄動武」(renunciation of force) 爲先，後者則以「承認戰後領土現狀」(recognition of postwar status quo) 爲重，但兩國外長談判未逾兩週，卽於一九七〇年八月順利簽訂關係正常化條約。

「(西)德蘇條約」兼容雙方所堅持「放棄動武」及「承認現狀」的兩項談判條件，對西德而言，該約得失互見：蘇聯允諾支持西德「東鄰政策」，雙方進行經貿合作，並共同致力泛歐安全體系（卽其後的「歐安會議」）的建立，且西德在美蘇軍事對峙的僵局下，爭得最大的外交自主權，並得以在不受歧視的環境下，於一九七〇年簽署「防止核武擴散條約」。但西德承認德波、德捷及東西德的戰後邊界，如同正式放棄德國東境失土，亦等於使德國分裂合法化。雖然該約簽訂之同日，西德政府致布里茲涅夫一封「有關德國統一的信函」

（Letter regarding German unity）聲明，該約無礙於德國人民以民族自決方式追求統一，但該信函並無法律效力，只算是西德政府的一項政治宣示。儘管如此，西德公開認定東歐領土現狀，確有助於其與東歐國家關係正常化，於一九七〇至七三年間分別與波、捷、匈、保建交，膠著一年多的兩德談判亦起死回生。

**【東西德的歧見】**

自柏林圍牆興建以後，東德人民外逃無望，轉向內部發展，共黨控制舒緩，一九六三年開始實施經改，使東德經濟居東歐國家之首，一九六五至七〇年承認東德的國家增加十三個（大部分為反以色列的阿拉伯國家），此外，東德於一九六八年首次參加奧運，表現優異，獲得金牌數目與西德相當（一九七二年超過西德，一九七六年超過美國，總積分僅次於蘇聯），鞏固「社統黨」政權頗有助益。在一九四九年東德的第一部憲法中，「社統黨」堅稱德國係單一民族（a single people）；柏林圍牆興建後，仍未改國家統一的表面支持。

時至一九六七年，東歐國家深感西德「東鄰政策」的影響，東德首當其衝，其當權者的危機意識油然而生。烏布里希深恐其政權的合法性及民心團結，將在西德影響下坍倒，開始實施新國籍法，東德人民國籍（"Staatsbuergerschaft", or citizenship）從此改為「德意志民主共和國」（前為「德國」），但祖籍（"Nationalitaet", or nationality）仍為「德國」。

翌年改「全德事務部」爲「與西德關係部」（較西德相對單位改名早一年），以標榜獨立自主。東德於一九六八年修訂憲法，雖堅持國家統一目標，但稱德國現階段爲「一國兩府」，東德是社會主義政體（state），西德是資本主義政體，兩者終將統一在以東德爲主體的社會主義國家（nation）之下（Keefe: 66），以對抗當時西德（吉星格）政府所堅持「唯一代表權」（一國一府）的主張。

東西德於一九七〇至七三年間進行談判，東德面臨蘇聯強大的外交壓力，蘇聯於一九七一年迫烏布里希下臺（兩年後病死），由何內克繼任「社統黨」總書記。何內克雖在與西德談判時，放棄「兩德互爲外國，西德應外交承認東德，並互換大使」的堅持，但在東德境內厲行政治、社會、文化的「離異政策」（"Abgrenzung", or demarcation）和「非德政策」（"Entdeutschung", or de-Germanization），否定兩德的「特殊關係」，並嚴密防範布朗德「一國兩府」、「文化國家」、「親睦以求變」等觀念誘使東德民心思變。

東德六〇年代「一國兩府」的政策至七〇年代轉變爲「兩國兩府」：即主張一九四五年德國無條件投降以後，德意志帝國已滅亡，東德是社會主義國家（nation），西德是資本主義國家，對東德而言，西德是一個實行帝國主義的「外國」（Asmus: 411, Plock: 17）。一九七四年的東德新憲法中，「德國」（German nation）和「國家統一」（national unity）

等字樣一概被刪除，取消「一個國家」的概念。綜言之，東德在五〇年代支持統一甚力，六〇年代轉而主張「一國兩府」，七〇年代以後則堅持「兩國兩府」。反之，西德的政策較具一貫性，未曾偏離統一目標，基本立場的唯一突破係由「一國一府」轉變為「一國兩府」。

**【基礎條約的簽訂】**

一九七二年十二月，東德迫於蘇聯壓力放棄其「兩國兩府」的主張，遷就西德「一國兩府」的堅持，與西德在東柏林簽訂「東西德關係基礎條約」，簡稱「基礎條約」。該條約主要內容為：㈠兩德基於平等原則，發展友好正常的關係。㈡雙方應以和平手段解決爭端，排除武力威脅，並保證互不侵犯領土的完整性。㈢任何一方不得在國際社會代表對方，尊重彼此內政外交的自主權。㈣雙方互設「常設代表處」（"Staendige Vertretung", or permanent mission）。（BIB: 52-3, 112）

西德「東鄰政策」的最終目標是取得東德對兩德正常交流的承諾，布朗德為此付出最大的代價，即承認東歐（含東德）領土現狀。布氏係首位實質承認（非法律承認）東境失土及德國分裂的西德領袖，其務實突破的作風及勇氣贏得國內外人士的肯定，因而獲得一九七二年的諾貝爾和平獎。

**【西德國內爭議】**

布朗德「東鄰政策」於一九七二年在西德面臨強大的反對壓力。當時「基督聯盟」戰後執政二十年，在一九六九年大選挫敗，退居反對黨，多數黨員心理無從調適，內部亟待整合，卻苦無具有號召力的領導人物，對外又無吸引羣眾的訴求主題。(Pridham: 45-58) 新任「基民黨」主席巴哲 (Rainer Barzel) 及「基社黨」主席史特勞斯有感於此，決意以「東鄰政策」爲批評執政黨的主題，藉以重振「基督聯盟」，巴哲並期取代布朗德爲西德首相。巴、史氏並非徹底反對「東鄰政策」，只是認爲：㈠布氏上臺未足一年卽與蘇聯締約，又與東德談判妥協，不免操之過急。㈡布氏慨然承認領土現狀，同意東西德同時進入「聯合國」，不啻支持「兩個德國論」，讓步太大。㈢「基礎條約」未聲明維持德國統一及領土完整，與「基本法」精神相違，且侵犯「巴黎條約」所規定美、英、法對德的權利與責任。(Bark & Gress 2: 208-9, Haftendorn: 238)

一九七二年四月，巴哲在「下院」動員黨內外力量對布朗德進行「不信任投票」，企圖推翻布氏內閣。時值兩德談判的最後階段，東德利用布氏腹背受敵，謀取更大利益，布氏情勢危急，幸賴本身威望及「社民黨」國會黨團的運作，以兩票之微否決罷免布氏之動議。布氏深知「基督聯盟」在「下院」的席次與執政的「社民黨—自民黨」相近，卽便東西德簽約，也難獲得「下院」認可，乃於同年九月以「信任投票」策略性的失敗，自行倒閣，要求十一月全國大選。

布氏此舉頗爲冒險：「基礎條約」內容已在大選前敲定（將於十二月簽署，翌年六月生效），如「社民黨」大選失敗，「基督聯盟」復出執政，勢將封殺該約，而「聯合國」將於同一九七三年六月討論東西德加入事宜（按：東西德此前皆爲「聯合國」觀察員），美蘇亦已同意東德以平等地位參加預定於同年七月舉行的首次「歐安會議」外長會議，且許多非共國家正積極準備與東德建交（按：「基礎條約」簽訂的當月，共計二十一國外交承認東德），該約如未爲「下院」通過，東德可不必履行「基礎條約」所規定的義務，但可獲得廣泛的國際承認，對西德極爲不利。所幸，「社民黨」在一九七二年十一月大選獲得勝利，該黨及其友黨在「下院」占有優勢，「基礎條約」於一九七三年五月順利通過。

**【聯邦憲法法院的判決】**

「基社黨」不服，其大本營巴伐利亞邦政府隨即向「聯邦憲法法院」控告「基礎條約」違憲無效。巴伐利亞邦政府的論點爲：「該約承認『德意志民主共和國』及其邊界，加深東西德分裂，與『基本法』國家統一的目標相違」（Bark & Gress 2: 219）。然「聯邦憲法法院」於一九七三年七月判決「基礎條約」未違憲，其判決內容企圖詮釋兩德的新關係，並廓清「基礎條約」的政治意義：

㈠「基本法」認爲德意志帝國雖然在一九四五年後不能以「單一政體」(a single state)執行國家功能，但仍存在。「德意志聯邦共和國」並非一個新國家，而只是德國一部分的重組，它不是德意志帝國的「法定繼承人」(legal successor)，僅與該帝國「部分一致」(partly identical)，故無法享有「排他性的代表權」(claim to exclusivity)。(Nawrocki: 22-3)

㈡東西德兩個政體在同一國家的「屋頂」(roof)下，各司其政，獨立自主。東德爲一國際法人(a subject of international law)，但不應視爲外國，否則與「基本法」第一一六條(卽德意志帝國故有疆域內，凡具有德國血統者均爲西德國民)相牴觸。(Plock: 94)(按：「聯邦憲法法院」據此否認東德國籍。)

㈢東西德之間的邊界非「國界」，而是「邦界」，無異於西德各邦之間的邊界。西德尊重兩德的領土現狀，無損於美、英、法對「整體德國」的權利與責任，且待戰後四強與西德所簽的和約認定。(Plock: 94, Nawrocki: 25)「基礎條約」前言明示，該約無意改變兩德對基本問題所存歧見，至西德的基本立場包含「基本法」所訂定的統一目標，故「基礎條約」並無礙於西德對統一目標的堅持。(Hillgruber 1983: 131)

**【基礎條約的意義】**

由「聯邦憲法法院」對「基礎條約」的解釋得知，該約並未完全釐清兩德之主權、國籍、國家認同、合法性等問題，東西德原本無意以此約解決雙方基本歧見，只是以模稜兩可的文字「同意歧見的存在」(agree to disagree)，而將問題留待時間化解。(Griffith 1978: 218-9, Hanrieder: 208) 例如，「聯邦憲法法院」既認定東德爲一有權加入「聯合國」的國際法人，爲何對西德而言非外國，又爲何彼此交換的不是大使，而是全權代表等節，未加引申，此顯係西德政府在「一國兩府」的原則下容許東德參與國際社會的彈性作法。另如，根據「基礎條約」的文字，西德政府「尊重」(respect)，而非「承認」(recognize) 東德主權，西德雖對東德內政概不干預，但否定東德國籍及「東西德邊界爲國界」。西德不接受短期入境的東德人之護照，而發予另紙證明，且對投奔自由的東德人民不以費時的政治庇護或移民手續處理，而是自動承認其爲西德國民，這些含混曖昧的作法卻爲兩德各說各話、自行其事的過渡性關係開闢一條活路。

布朗德政府對東德「以法律『順應』政治事實」的態度，無疑較「霍斯坦原則」之企圖「以法律『約制』政治事實」切乎實際。布氏期望「基礎條約」爲相互敵視、欠缺溝通的兩德關係，建立互信互諒的基礎。西德亟力強化兩德的國家認同意識，而東德當權者一意消弭之，在此情況下，「基礎條約」確爲西德的「德國政策」達致最大的效益。西德對東德主權勉予實質承認，使兩德交流正常化和制度化，爲國家統一留下一線生機。

東德固在「基礎條約」簽訂後三年內，獲一一五個國家（含美國）的外交承認（按：一九七二年前僅十九國與東德有邦交），並於一九七三年與西德同時進入「聯合國」，每年接受西德爲數可觀的經援。反之，在「基礎條約」後五年內，東西德共簽訂三十八項有關銀行貸款、匯兌、交通運輸、郵務、旅遊觀光、邊界事務、醫療、漁礦業、新聞採訪、體育交流、廢物處理等方面的協定，雙方接觸、交流、合作的機會與日俱增，東德的封閉社會從此洞開，長期暴露在西方自由民主、物質生活、開放資訊的影響下。

狄恩（Jonathan Dean）論及「東鄰政策」稱：「布朗德政府一方面得向西方盟邦及東歐鄰國表明，西德『無意改變現狀』，損及他國利益；另一方面又得向國內選民交代，其『將改變現狀』，有利於德國。就此點而言，布朗德政府的外交政策確實成效非凡。」（Dean: 248-9）

## 第二節　東西德的國家認同問題

西德堅持統一目標的立場見諸「基本法」的序言（即「德國人民當依民族自決原則，完成德國之統一與自由」）、一九七二年布朗德政府致布里茲涅夫之「有關德國統一的信函」

(即「『德蘇關係正常化條約』之簽訂無礙西德以民族自決原則，追求德國統一的政治目標」)，以及一九七三年「聯邦憲法法院」對「基礎條約」合憲的判決書(即「西德政府的立場應以『基本法』所揭櫫德國完整性的原則爲依歸」)。西德政府於七〇年代初期主張「一國兩府」及放棄「唯一代表權」，無改其對國家統一的基本立場。布朗德固將艾德諾「統一先於和解」的優先順序顛倒，但對艾氏所秉持「自由重於統一」的精神，奉行不渝。此種「不爲統一而統一」的信念不僅是西德政府戰後至今的基本政策，亦是西德人民普遍的共識。

七〇年代初，歐洲和解時期開展，然西德人民一如曩昔，未曾企圖以犧牲西德本身民主自由體制，來換取與東德統一的機會。根據一項民意調查顯示，一九六九年、一九七二年、一九八七年的西德受訪人士「渴望國家統一」者，分別占七八%、七八%、八〇%，「不關切統一與否」者，分別占一五%、一七%、一六%，至「反對統一」者，分別占六%、五%、四%，同一批受訪者認爲「統一有可能在可預期的將來達成」者僅占一三%、五%、三%。(*Economist*, Oct. 28, 1989) 由此可知，西德人民對統一雖存有強烈的期望，但也深知格於形勢，統一在近期內無法企及。

西德是戰後歐洲唯一希望改變領土現狀的國家，西德歷任首相無一人敢想像俾斯麥一樣聲稱：「德國已飽和了」，並承認東西德永久分裂。艾德諾曾說：「俾斯麥作夢怕夢到遭英、法、俄聯軍圍攻，我的惡夢則是『波茨坦條約』成爲定局。」(Joffe 1989: 44) 西德「東鄰政策」及「德國政策」即是防範盟邦將德國分裂的現狀視爲理所當然的事實。「基礎條約」的功能並非解決「德國問題」，一舉達成統一，而是在於維持「德國問題」懸而待決 (keep the German Question open)。威姆斯 (Dorothee Wilms) 謂：「『基礎條約』不是達致統一的有力工具，但東德確係西德化解分裂的唯一夥伴。」(Wilms: 8) 布朗德及其後的西德歷任首相在「基礎條約」的架構下，就國家認同的維繫、實質關係的加強、外在和解環境的營造三方面，亟力發展平實可行的途徑，且在對統一目標的「可欲性」(desirability) 和「可能性」(possibility) 之間，一直尋求理想不浪漫、現實不絕望的平衡點，而爲國家統一謀求一個新契機。

**【國家認同意識的追求】**

歷史乃國家認同的淵源，但德國統一建國七十四年間，曾掀起兩次侵略大戰，希特勒屠殺三十餘萬猶太人的罪行人神共憤，尤爲德人不堪回首的民族恥辱。一九三三至四五年的「第三帝國」不是德國歷史孤立的時段，希特勒是受德人擁戴當權，是被外力（而非德人）推翻，「第三帝國」的所作所爲實源於德國整體文化、政府和社會，而非希特勒一人。若對

「第三帝國」的前因後果避而不談，德人下一代難獲得完整正確的歷史觀，無從自我定位；然而，若深入探究「第三帝國」種切，無異觸及德人民族隱痛，撩起其歷史恥辱感，對國家認同不增反減，造成危機。

爲了規避歷史情結的尷尬，西德戰後曾外求「美國模式」和「歐市意識」爲其「代替性的認同意識」("Ersatz-Identitaet")。美國是西德的解放者、保護者，亦是重建者，美式的個人主義、民主政治、資本主義成爲西德政、經、社會改造的仿效典範，歐美的安全合作關係更加深美國物質文明對西德的影響。但六〇年代後期以來，越戰、黑人人權問題、水門事件、「歐洲中程核武」，以及美國對中東和拉丁美洲的政策，大大減損西德人民對美國的良好印象，加以「戴高樂主義」的興起，大力促進德人對本身文化的維護。艾德諾支持「歐市」成立，旨在以超國家的「歐市意識」取代以往狂熱的國家主義，「西向政策」成爲西德人民戰後的共識。隨著西德經濟復興及國際地位的鞏固，「歐市」對西德的政治意義漸弱，它是西德最大的外貿市場，但絕非其第二祖國。歷經「歐市」整合的種種挫折（參見第六章），西德人民對西歐政經統合的夢想日趨厭倦，而從未忘懷東德的存在，移忠認同於「歐市」。

除了「美國模式」和「歐市意識」，西德人民亦嘗試以「地方主義」(regionalism)和

「世界主義」（globalism）補償失落的認同意識。西德政體聯邦色彩濃厚，諸邦鼓勵所屬鄉鎮的風土民俗蓬勃發展，振興鄉土意識，在國家統一無望之際，發揮凝聚民族認同意識的責任，以免德人成爲「無根的民族」。戰後西德成爲一個外貿導向的國家，與外界接觸面廣泛，對外關係的發展不僅成爲西德經濟繁榮之所繫，亦有助於拓寬西德人民的世界觀。西德新聞媒體對外事務深入報導（按：西德報紙發行量爲西歐國家之冠），且西德人喜愛國外旅行（按：一九八三年，平均每一個西德人利用其總休假天數的六〇%從事國外旅行），適足打破德人以往狹隘的國家觀念。（Kalberg 1989: 6）然而，若期以「地方主義」或「世界主義」取代國家認同意識，前者失之褊狹，後者失之浮高。遇到外國人士詢及任何一個西德人的國籍時，該德人都無法僅答以「我是巴伐利亞人」或「我是世界公民」。

**【布朗德的文化國家】**

在西德追求認同意識的努力過程中，以布朗德於七〇年代初期配合其「東鄰政策」所提的「文化國家」觀念最受重視。布氏認爲德意志民族於一八七一年俾斯麥統一德國前，就在「神聖羅馬帝國」及其後「德意志邦聯」的鬆散式邦聯之架構下，以相同的種族、語言、藝術、音樂、文學、民俗傳統爲基礎，蘊育共存共榮的族羣意識，爲日後統一的國家發展厚實的認同基礎。戰後德國領土一分爲二，但無損其文化的整體性。東西德的意識形態和政經體制縱然迥異，但同文同種的文化背景使兩德人民仍維持強烈的共屬感，只要此一民族文化的認同意識長久持續，統一之日雖甚遙遠，德意志國家仍能生生不息。

布朗德在其「文化國家」觀念中，將「德國問題」非政治化，以免鄰邦疑懼德國國家主義的再現。布氏將德國視爲文化實體，而非政治實體，以文化的完整性彌補政治的分裂對立，使兩德人民得以超越兩政體對峙的現實，共享德意志國家的文化遺產、共負歷史責任、共創未來命運。「文化國家」自布氏倡導十年來，廣爲討論，但根據下列數項在西德進行的民意調查結果，西德人民在國家長期分裂下，與東德的共屬感有明顯減弱的趨勢：

㈠一九七〇年，六八％的受訪西德人視東德人爲同胞，二〇％視之與奧地利人無異；一九八三年，視東德人爲同胞者降爲五一％，視之與奧人相同者增爲三二％。另，一九八三年的調查結果發現十六至二十九歲的西德受訪者中，視東德人爲類似奧人的外國人者占四三％。(Schweigler: 90)

㈡一九八一年，大多數（五二％）的受訪西德人對「(假設性的)電視節目標題『昔日德國』」理解爲「一九三七年的德國」；四三％視「今日德國」爲西德，僅三二％視東德爲「今日德國」的一部分。(Schweigler: 101)

㈢一九八三年，受訪的西德人對鄰邦的好感程度依序爲奧地利（五二％）、瑞士（四七

%)、法國(三一%)、丹麥(二七%)、東德(二六%)，其後爲義、英、希、捷、蘇。(Schweigler: 90)

㈣一九八三年，六〇%的受訪西德人認爲「歐洲統合較德國統一重要」；一九六五年，僅二四%的受訪者持此想法。(Bournazel 1988: 112)

**【東德的離異政策】**

文化的共通性在國家長期分裂局面，所產生號召的功能畢竟有其限制，誠如莫斯哈本(Joyce Marie Mushaben)所稱：「文化國家」不過是一個「缺乏認同意識的共同體」(commonality without identity)(Mushaben: 402)。「文化國家」的觀念忽視了現實政治的影響，加以東德自一九七〇年起開始採行「離異政策」，否定或修改部分歷史，刻意斷絕與西德的文化臍帶，更抵消了西德推廣「文化國家」觀念的成效。

東德處理國家認同問題的態度一直是小心翼翼。由於西德的自由繁榮始終是「社統黨」合法性的長久威脅，該黨無法像其他東歐共黨以國家認同強化其政權合法性的根據，或用以抵制蘇聯的支配。(Krisch: 83)西德推行「東鄰政策」以前，烏布里希藉著蘇聯的支持和柏林圍牆的屏障，將東德人民區隔於西方影響之外，尚可對國家統一目標作口惠不實的承諾。一九七〇年「德蘇條約」和翌年「美、英、法、蘇四強西柏林協定」(Quadripartite

Agreement on West Berlin）對東德是一大打擊，前約意味蘇聯對東德不再毫無保留的支持；西方三強雖在後約談判過程承諾支持東德加入「聯合國」，並應允西柏林仍爲西方占領區（「暫非」西德的一邦），但蘇聯相對允諾：東德對西柏林無主權，且不得妨礙西德與西柏林之間的交通，西柏林市民亦得訪問東柏林與東德其他地區。「四強西柏林協定」無異爲柏林圍牆劈開一線裂縫，西德影響趁虛而入，動搖「社統黨」的合法性，烏布里希不敵蘇聯壓力，含憤去職。

何內克於一九七一年上臺，力行「離異政策」，其具體作法大致爲：㈠第三度修改憲法，稱東德爲「農工階級所組成的社會主義國家」，以別於西德「資本主義國家」，並放棄國家統一目標。㈡徹底修改國籍爲「東德」，原本政府機關名稱及出版品內容中之「德國」、「德國人民」等字樣，均改爲「東德」、「東德人民」——除了共黨黨紙《新德國報》（*Neues Deutschland*）外。東德國歌因有「德國，統一的祖國」（“Deutschland, einig Vaterland”）一句，故被禁唱，改爲演奏或哼曲的方式表達。㈢根據共產主義觀點重修歷史，提升農工階級、中產階級的地位，並揄揚反抗普魯士的共產革命和人民暴動，而貶抑基督新教的改革者馬丁路德（Martin Luther）（因馬氏與王侯親近、反對農民革命）和普魯士當權階層，如非特烈大帝、俾斯麥、兵學家克勞塞維茨（Carl von Clausewitz）等著名人物。

東德修史的目的有三：㈠建立新的國家認同意識，以對抗西德「一國兩府」之說，㈡為東德「農工社會主義國家」尋求歷史的註解，㈢撇清與「普魯士王國」、「第三帝國」的關係，以推卸對兩次大戰的歷史責任。(Asmus: 412-3) 此正與西德「文化國家」觀念對兩德人民「共享文化遺產、共負歷史責任、共創未來命運」的期望背道而馳。

**【柯爾時期的國家認同意識】**

東德「離異政策」為西德「以文化共屬感促進國家認同意識」的努力打一死結，甚至間接影響西德人民的愛國意識。根據民意調查，一九五九年多數西德人以其民族性 (national character) 為豪，一九七八年多數西德人轉以其政經體制為豪。(Dalton: 107) 一九八二年三四%的年輕西德人願意移居國外，一九八三年僅二三%的年輕西德人以當德國人為傲。(Kalberg 1989: 6) 一九八五年的民意調查顯示，西德人以自己國籍為榮的比例 (二〇%) 遠遜於美、英、法國人民（分別為八七%、五八%、四二%）。(Dalton: 106)

八〇年代初期，西德有識之士深知東西德復合暫不可能，西德認同意識程度長久低落，乃力圖突破「文化國家」的思考模式，發展出另一種面對「德國問題」的態度：㈠戰後德國在外力支配下分裂，獨自發展，實乃歐洲強權政治的歷史常態 (historical norm)，因俾斯麥統一「第二帝國」前，此種分裂局面在德國本非罕見。德人應擺脫「統一」與「國家認同」的關聯，德國歷史的演進畢竟並非單靠某一政權主導，而由各城邦的不同政、經、社會、文化、生活方式所共同推動。㈡歐洲自十八世紀因民族國家的興起，權力平衡體系的運作，故而國與國之間重競爭、輕合作；二次大戰後，兩極體系的產生和歐洲區域性的整合，因此國與國的合作關係日趨密切，國際相互依存性增高，民主信念、自由主義、社會力，以及跨國性的區域合作沖淡了國家主義的重要性。（Jeismann & Schoenemann: 70-3, Haettich: 290-1）

史坦柏格（Dolf Sternberger）於一九八二年所提「忠於憲法的愛國主義」（“Verfassungspatriotismus”, or constitutional patriotism）和布拉賀（Karl Dietrich Bracher）於一九八六年所提的「後國家主義的民主」（“postnationale Demokratie”, or post-national democracy）就是企圖導引西德人民對「基本法」所建立的價值和體制，凝聚共屬感，以西德民主、自由、法治的理性觀念注入傳統的國家主義，藉此脫離國家統一虛浮的期望，營造一種「不激情，但穩定」（passionless but stable）及「社會共識重於國家統合」（more social than nationalistic）的認同意識。（Kosthorst: 32-4, Schweigler: 101, Mushaben: 403）

在此「自由重於統一，憲法秩序凌駕國家形式」的觀念下，東西德之間的關係愈來愈像西德與其他德語國家（如奧地利、瑞士）之間的關係。然而，此並不意味西德人民有意放棄統一目標，根據一九八三年一項民意調查顯示，七九％的受訪西德人贊成保留「基本法」序言堅持統一目標的文字（Mushaben: 403）；一九八四年在西德四個主要政黨之中，平均五八％的受訪黨員支持統一目標（「基督聯盟」居多），反對者占四〇％（「綠黨」居多）（Schweigler: 79）；一九八七年，八〇％的受訪西德人仍渴望統一（*Economist*, Oct. 28, 1989）。惟史坦柏格、布拉賀等人的理念標示出一個新的認同對象（即憲法精神和民主價值），為西德人民在國家分裂的過渡期尋得永恆的自我定位，並為其統一目標賦予時代意義。

卑爾曼（Guenter C. Behrmann）稱：「二次大戰後的『德國問題』就是處理（德國）『國家』（nation）與『政體』（state）之間的問題。」（Behrmann 81）如果說布朗德時期的「文化國家」刻意忽視東西德政體對峙的事實，而著重德意志國家的傳統文化；柯爾時期的「政體國家」（“Staatsnation”, or state-nation）則偏重西德政體的民主自由本質，而不強調德意志民族情感的訴求。從「文化國家」到「政體國家」的觀念，西德認同的對象已由「國家」轉向「政體」，正如雷納（Ernest Renan）所述：「『國家』是每日重複進行公民投票的結果。」（“Nation ist. . . ein taeglich wiederholtes Plebiszit.”）（Kosthorst: 37）

「政體國家」顯然將認同的時空範圍縮小至現今西德，一則培養西德人民對所屬政體的效忠共屬感，另則爲東德人民提供一個民主法治的經驗典範及其民族自決的選擇模式，藉此，西德得能在德國歷代兩個長久衝突、未曾並存的觀念——「國家統一」和「民族自由」——首度取得一適切的均衡點。

八〇年代的西德人民以現行民主化的體制爲榮爲傲，而勇於面對歷史，對國家主義不再視爲畏途。柯爾政府致力加強民間歷史教育（如改革學校歷史課程、強化歷史博物館的功能、舉辦歷史展覽），柯爾在公眾場合不再諱言「祖國」、「愛國主義」等字眼，且自一九八五年起，西德公共電視網開始在每日節目結束前，播放國歌。一九八五年初，柯爾甘冒不韙邀請來訪的雷根總統至西德比特堡（Bitburg）的二次大戰軍人陣亡墓地獻花，西德輿論對柯爾此舉褒貶不一，但柯爾政府無疑已邁出歷史的陰影，其「統獨休兵」的作法不僅爲西德人民立足本土尋求更踏實的意義，亦爲東西德自一九四五年以來合法性及國家認同的爭奪戰劃下休止符。

# 第八章　從分裂到統一

## 第一節　「基礎條約」後的兩德關係

歐美學者將東西德於一九三六年和一九八〇年的統計資料對比，不僅發現德國整體生產力減少了一二・二%，東西德雙邊貿易總額亦較二次大戰前的統一時期銳減九四%。另，西德地區一九三六年的生產力只占當時美國的二九・七%，而一九八〇年增為三二%，東德地區所佔比例由一一・七%降為三・九%，西德地區一九三六年的國民平均生產毛額只較東德高出七%，而一九八〇年卻高出一三〇%。（Kaser: 123, Leptin: 281）由此得到一個基本結論為：分裂有損國家生產力，亦阻礙內部經濟活動；東德在二次大戰後的經濟實力大幅減弱。

蘇聯於一九四五至五三年之間，拆卸東德價值約一一九億美元的重工業設備，每年尚強運東德四分之一的農工產品至蘇聯，極不利於東德經濟的復甦。(Braun: 149, Petzina: 181)戰後逃至西方的東德難民以專業人才及精壯勞工居多，老人及婦女在東德勞工人口比率相對增高，加以東德出生率自一九四九年起呈負成長，人口結構老化情形嚴重。(Petzina: 184, Turner: 200) 凡此，對東德經濟實力的成長均有嚴重的影響。

然而，東德居於中歐的地理位置，在「華約」成員國中經濟成長最爲穩定，其於一九八〇年的國民生產毛額較蘇聯高出四一%，較「華約」最貧窮的羅馬尼亞高出二三〇%。(Kaser: 124) 東德自五〇年代以來，一方面供應西方工業產品及民生消費品予東歐國家，另一方面轉售東歐農業產品及工業原料予西歐國家。東德之所以能在東西歐經貿關係充份發揮中介角色，實多賴西德的大力支持。

**【兩德經貿關係的特色】**

二次大戰後，西方占領軍雖對西德銷至東德的戰略物資實施禁運，但東西德的經貿關係並未完全阻隔。兩德一九五一年簽訂「柏林協定」(Berlin Agreement)，規範其間經貿往來的細節，其後除遭到一九五一至五二年「柏林危機」、一九六一年柏林圍牆興建、一九六七年經濟不景氣的三次頓挫外，東西德貿易至一九八五年止一直平穩成長。

一九五一年之後，西德負責兩德貿易事務的機構爲附屬於經濟部下的「兩區商業信託局」

（"Treuhandstelle fuer den Interzonenhandel"），該局名稱於一九八一年改爲「工商信託局」（"Treuhandstelle fuer Industrie und Handel", TSI)；東德則以外貿部爲對等交涉機構。東西德的經貿關係由「柏林協定」規範，該協定內容於一九六一年增修，經「基礎條約」認可沿用。該協定下的兩德經貿關係具有以下特色：

㈠兩德互非外國，而是同一國家的兩個貨幣區域，其間貿易並非外貿，而是國內財貨流通，故其間流通的貨物不稱「出口物」（exports）或「進口物」（imports），而稱「送貨」（"Lieferungen", or deliveries）和「購貨」（"Bezuege", or purchases），且西德對東德輸入貨物不徵收關稅。

㈡西德於一九五一年加入「關稅暨貿易總協定」和一九五七年加入「歐經體」時，獲該二組織承認兩德經貿關係的特殊性。「歐市」對東德銷西德的貨物不課以共同關稅，且東德農產品可以「歐市」保護價格（較世界價格高出約一倍）輸入西德，東德農工產品因此較其他東歐國家享有額外優惠，利於競爭。

㈢東西德馬克公訂兌換率爲一：一，不足以反映雙方實際的購買力。西德唯恐與東德貿易，強勢的西德馬克向東德流失，而世界流通性不高的東德馬克大量流向西德，故與東德約定雙方交易不以現金結匯，而經由雙方中央銀行在帳面結算年度差額（按：其結算單位爲

"Verrechnungseinheit", or EV，一個VE相等於一個西德馬克），以防劣幣驅良幣。

㈣東德資金不足，外匯短缺，西德聯邦銀行每年提供東德中央銀行透支的債信額度（"Ueberziehungskredit", or overdraft credit），俾便東德進口部門延期付款，至每年會計年度清算時，再提供下年度的額度。此種長期在兩德中央銀行之間往返的「無息貸款」，通稱「搖擺信用額度」（swing credit），其數額每年六億 VE 至八億五千萬 VE 不等，此對外匯短缺、購買力不足的東德，助益極大。西德政府不僅以「搖擺信用額度」強化東德購買債信，亦對輸入東德貨物的西德進口商予以增值稅折扣的優惠，以鼓勵東西德貿易，促進東德經濟生產。

**【兩德貿易的消長及產品結構】**

六〇至八〇年代，「經互會」占東德外貿的比重由七成降至六成，其中蘇聯所占比率由四成六降至三成五，是東德最大的貿易夥伴。同期間，西方工業國家（包含美日）在東德外貿的比重由二成增至近三成，西德是東德最密切的西方貿易夥伴，且是其第二貿易夥伴（次於蘇聯）。（Krisch: 109, Petzina: 193）六〇至八〇年代，西方工業國家占西德外貿的比重由七成四增至八成二，「歐市」居西德外貿總額逾半；共產國家（含東德）佔西德外貿的比重由七%降至五%。（Leptin: 276, Roemer: 215 ）此即謂：西德對東德貿易的重要性

【表十三】西德歷年對東德的進出口值的對照表

（單位：億VE）

| | 一九七一 | 一九七二 | 一九七四 | 一九七六 | 一九七八 | 一九八〇 | 一九八二 | 一九八四 | 一九八五 | 一九八六 |
|---|---|---|---|---|---|---|---|---|---|---|
| 進口 | 二六 | 二四 | 三二 | 四〇 | 四一 | 五九 | 七〇 | 八二 | 八二 | 七三 |
| 出口 | 二七 | 三〇 | 三七 | 四五 | 四八 | 五九 | 七二 | 七三 | 八六 | 七八 |

資料來源：Roemer: 210

【表十四】兩德貿易歷年在東西德外貿總額比重的對照表

（單位：%）

| | 一九五〇 | 一九六〇 | 一九七〇 | 一九七五 | 一九八〇 | 一九八三 | 一九八四 | 一九八五 |
|---|---|---|---|---|---|---|---|---|
| 西德 | 三・六 | 二・二 | 一・八 | 一・八 | 一・五 | 一・七 | 一・五 | 一・五 |
| 東德 | 一六・〇 | 一〇・三 | 一〇・二 | 八・七 | 八・四 | 八・五 | 七・九 | 八・三 |

資料來源：Leptin: 276-7

有加重的趨勢；反之，東德在西德貿易的比重未增反減。

由〔表十三〕得知，兩德貿易總額由「基礎條約」前一年（一九七一年）至一九八六年增加了九十八億VE，即增加了一八四・九%。若加上雙方服務業交易值，則增加了一四三億VE，即增加約三倍。然而，這些數值所呈現的漲幅與事實略有出入，因爲西德在該時期經濟成長快速、出口暢旺，進出口價格提高，其與東德貿易增長者只是貨物價値（value），而非貨物數量（volume）。由〔表十四〕觀之，東西德貿易在兩者外貿總額的比重頗爲穩定（平均占西德的約二%，占東德的一〇%），未暴漲暴跌。

五〇年代西德輸至東德的大宗爲化學產品和鋼鐵原料，自東德輸入大宗爲煤礦、紡織品、石油。六〇年代西德輸出項目以高科技資本財及化學產品爲主，自東德輸入項目以農產品及消費品爲主。七〇年代東西德進出口貨物漸趨同質，即工業原料及半成品，八〇年代兩德交易貨物仍以資本財爲主。

**【兩德貿易的意義】**

對西德而言，與東德貿易是維繫國家統一目標不墜的具體作法之一，其政治意義大於經濟意義；對東德而言，與西德貿易乃獲取西方資本財及工業科技，並輸出其農工產品的重要管道，其經濟意義大於政治意義。

東德對兩德關係的經濟意圖至明：㈠基於地緣、語文、工業發展傳統、消費者習慣等因素，西德是東德開發西方市場的首要據點。㈡利用西德的善意，謀取西德各種財務優惠、經援、科技合作。㈢東德可從西德獲取自「經互會」得不到的先進工業科技及產品，有利於提升其外銷產品的競爭力。㈣經由與西德的「特殊關係」，東德成爲「歐市」的準成員國，得以享受免稅優惠及貨物流通的方便。相反的，西德對兩德貿易的政治用意亦甚明顯：㈠促進雙方財貨流通，改善東德同胞經濟條件。㈡增進兩德民間交流及瞭解，突顯雙邊民生差距。㈢穩定兩德關係，確保西柏林安全。㈣降低蘇聯及共產主義對東德的影響力。

東德是西德在「經互會」第二大貿易夥伴（次於蘇聯），於一九八四年爲西德第十四大進口來源、第六大出口市場。一九八五年約有七千家西德的中小企業（七萬餘人）從事與東德貿易，西德廠商每年與東德簽署兩萬七千筆交易合約，雙邊經貿關係頗爲密切。（Martin: 110, Nitz: 302）東德在早期努力避免西德藉經濟力量主導兩德政治關係，在柏林圍牆興建後，曾嘗試降低西德的貿易量，惟成效不彰，其因在於「經互會」工業水準低落，無法取代西德所提供的資本財及工業技術。

然而，這並不意味西德對東德可以予取予求，迫其就範。羅文塔（Richard Loewenthal）謂：「有人認爲向東德誘以經濟好處，可達致德國統一的目標，實大謬不然。何內克是共產黨員，共產黨一向欣然接受外界的經濟利益，但在政治上卻抵死不肯讓步。」（Loewenthal: 313）東西德經貿關係穩定成長，雙方皆不易掌握其間「擴散作用」的效果——西德體認兩德貿易的增進無法擴及政治層面；東德亦知接受西德的經濟利益，就不可能完全免除其政治影響，一如〔表十三〕兩德貿易長期的平衡，雙邊貿易在政治層面呈現的利益未見明顯盈虧。

**【兩德人民的互訪與通訊】**

東西德政府成立（一九四九年）至八〇年代初期，約有三二〇餘萬東德人民逃至西德。根據一九八三年的統計資料，三分之一的西德公民在東德有親友，五分之一常與東德親友通信，八分之一偶至東德探訪親友（Windelen: 232），雙方關係密切。如何基於人道立場，保障雙方人民自由互訪、通訊、資訊流通；如何秉持國家統一的基本政策，加強雙邊民間交流、官式訪問、科技合作；如何藉助全歐和解趨勢，爭取東德人權及自由化，一直是西德「德國政策」的目標。

一九四九年至「第二次柏林危機」（一九五八年）之間，東西德人民互訪雖受東德政權嚴格管制，但並未完全隔絕，雙方每年訪問人數各約一三〇萬至二七〇萬人。由於兩德邊界爲「北約」與「華約」對峙的前線，軍事管制嚴密，故兩德人民互訪概經由柏林。柏林圍牆興建前後的七年（一九五八——六四年），訪問人數陡降至兩萬餘人，且只限於西德人的單向訪問。一九六四年，埃哈德政府以鉅額經援換取烏布里希允諾開放兩德人民互訪，雙邊訪問人數增至每年各約一百餘萬人。(Plock: 238) 「基本條約」簽訂後，東德開放西德人民至東德探親、訪友、觀光，此前西德人只准至東德探訪至親。西德每年訪問東德人數由七○年代初期的一百餘萬人增加至七○年代後期的三百餘萬人；在東德方面，東德人逾退休年齡者、急需探訪至親者、少數政經要員，或特殊才藝人士始得中請訪問西德，故每年訪問西德的人數一直維持在一三○萬左右，其中非退休人員者僅占三%左右。(PIO 1985: 99, Whetten: 100-1)

東德深恐其人民與西德訪客直接接觸的不良影響，曾意圖以路檢刁難西德訪客、禁其駕駛自用汽車入境、對其攜入東德之禮品課以重稅、提高入境費等方式，迫使西德人民對東德之行望而卻步。惟西德旅客支付的入境費用爲數甚高(每人每日十五馬克)，西德人民過境東德轉赴其他東歐國家者每年所付的過境費約五億兩千萬馬克，且西德政府每年爲改善東西德之間的水陸交通和通訊系統提供龐大經費，如西德政府曾出資十二億馬克修築一條由漢堡至西柏林的高速公路。(Nawrocki: 60-1)單單在一九八五年，東德就從西德政府和入(過)境的西德人民，獲取九億兩千八百萬馬克的收入(Martin: 44-5)，受益匪淺。

一九八二年起，東西德青年活動的主管單位開始安排年輕學生組團互訪，西德每年兩萬人次（自由報名參加），東德則約一千人次（官方選派），此類活動悉由西德政府「兩德關係部」補助經費。（Nawrocki: 78）一九八五至八八年間，西德政府所給予東德各種形式的經援（如每年的「搖擺信用額度」、優惠貸款）及技術協助（如環保、合資企業）的金額高達五〇億馬克，維持東德經濟成長，滿足其人民與日俱增的物質享受，並間接穩固「社統黨」的地位，致使何內克政權始終不敢輕言切斷東西德人民的互訪。一九八一至八五年之間，西德每年訪問東德的人數增加爲四六〇萬人；東德訪問西德者增爲一六〇萬人，其中非退休人員仍約三%。（Martin: 93-5）

除了親身接觸外，東西德人民的電話聯絡次數亦由一九七〇年的七十餘萬次，增至一九八七年的三千五百餘萬次，增加五十倍。此與西德政府於「基礎條約」簽訂後，斥資增闢電話線路有關，東西德之間於一九七〇年僅有三十四條電話線路聯繫，一九八七年增爲一千五百餘條。（PIO 1985: 114-5）東西德信件及包裹的件數於一九七〇至八七年有明顯減少的趨勢，此乃雙方人民親身互訪次數增加、電話聯絡日益便捷使然。由於東德實施郵檢，致西德寄至東德的郵件遺失件數頗多（多遭東德當局沒收），經西德政府力爭後，一九七〇至七三年遺失件數銳減四分之三，每年仍在兩萬件之譜。

**【東西德的其他交流】**

東西德於一九五六年及一九六〇年的奧運，仍以共同的會旗（黑、紅、黃三色旗加上奧會標誌）及會歌（貝多芬的「快樂頌」）共組代表隊參加。柏林圍牆興建後，東西德各派隊伍參加奧運，然仍使用共同的會旗和會歌。直至「基礎條約」簽訂，東西德始以各自的國旗和國歌出現在國際體育的競技場上。一九五七至六一間，東西德雙邊體育交流甚爲密切，官方合辦的大小運動會平均有七九〇餘次，一九六二至六五年間，東德中止與西德體育交流，一九六五年後恢復與西德合辦運動會，但盛況不再，多則一二〇餘次（一九八八年），少則每年十二次（一九七三年）。（Plock: 239）其因在於六〇年代以來，東德堅持在國際場合使用國旗，西德爲避免國旗問題的爭議，索性儘少單獨與東德合辦體育活動。

東西德高層官員的接觸始於一九七〇年布朗德與史安夫的「艾夫特會談」（Erfurt Meeting），其時陪同布氏與會的是西德「兩德關係部」部長，而陪同出席史氏的則是東德外長。兩德政府於一九七四年在對方首都互設「常設代表處」（西德員額八十五人，東德六十五人），此後兩德官方接觸管道通暢，惟雙方對代表處的性質認定不一，西德代表處交涉的對象爲東德外交部，東德代表處則與西德「兩德關係部」聯繫。一九七二年後，雙方高層官員的互訪漸趨頻繁，其中最引人矚目的是一九八一年施密特訪問東德，和一九八四年何內克訪問西德，尤其後者對兩德關係具有突破性的意義。（參見第八章第二節）

東西德於「基礎條約」後，簽約協議尊重對方新聞記者的採訪自由。惟何內克政權歷年對西德媒體派駐東德的記者，在採訪範圍和時間施以種種限制，並進行內容審查，迭遭西德抗議，然西德報刊特派員被東德驅逐出境，辦公室被查封者，仍屢有所聞。（按：一九八八年西德駐東柏林的特派員計二十名，東德報刊則派有常駐波昂的記者六名。）儘管東德政權鉗制新聞自由甚爲嚴密，但東德領土的九〇%以上涵蓋在西德電視臺收視網內，且東德全境可收聽西德廣播，據估計，自一九七〇年代以來，每晚約有八〇%的東德人口收看西德電視節目。（Griffith 1989: 314）東德人民長期暴露在西德媒體的影響下，物質及精神的期望不斷提升，對其政權不滿的情緒與日俱增，致使東德當局封鎖外界資訊的伎倆無法施展，其製造昇平進步的假象亦無從遁形。

自一九五三年東柏林市民暴動以來，異議份子一向是東德政權的頭痛問題，西德政府基於人道立場及同胞情懷，對身陷囹圄的東德政治犯施予援手，不遺餘力。東西德當局曾密訂協議，長年來進行「人頭交易」（"Menschenhandel", or human trade），此舉被西德定名爲「購買自由行動」（"Freikaufaktion"）。一九六三至六九年，西德政府以每名五萬馬克的價錢向烏布里希政權贖出約六千名東德政治犯，於「基礎條約」簽訂前後的七年，又以每名四萬馬克向何內克政權贖出五千名。據估計，西德政府於七〇年代共贖出一萬三千名東德政治犯，一九八〇至八五年間每年則贖出人數一千餘至兩千餘不等。(Plock: 43, 130-1, Childs: 344)與蘇聯不同，東德政權將異議份子放逐西德，並不能使之銷聲匿跡，不少異議份子對東西德人同樣是德國人，卻遭遇不同的生存環境，痛心疾首，而著書立說，使西德人民進一步體認共產本質，更加深其「自由重於統一」的信念。

**【兩德交流的意義】**

施密特曾謂：「兩德和解唯有在雙方均覺得安全無虞的狀況下，始有可能進行」(Plock: 201)，「基礎條約」後的兩德關係，除受一九七九年蘇聯入侵阿富汗，和一九八一年波蘭宣布戒嚴的干擾外（其間東德對西德入境訪客及記者管制緊縮，施密特訪問東德之行因而兩度延後），發展大致平穩，其主因在於雙方皆無意威脅對方的合法性。東德於「基礎條約」後廣獲國際承認，與西德平起平坐，雖然何內克從未放棄向西德爭取承認東德人民的獨立國籍，並要求提升雙方代表處為大使館，但自知無法突破此一底線，未藉題發揮，破壞全面關係。

西德在兩德交流上扮演主導的角色，其政治考量重於經濟利益，但深知蘇聯及東德當局對其「東鄰政策」容忍的極限乃「不得改變東歐（含東德）的政治現狀」，故其於「基礎條約」後對兩德交流的拓展，長久以來均抱持謹慎務實、只做不說的態度。七〇年代以來，西德政府雖期許兩德交流能夠促進東德的自由化，惟對東德內政始終未予干預，或以浮高的政治口號刺激東德，俾期雙邊關係在穩定中正常發展，至於能否對達成統一目標產生催化之功，則抱持盡人事，聽天命的態度。

「親睦以求變」是布朗德對兩德交流的目標，然而兩德親睦關係對改變德國分裂事實的成效，在德國一九九〇年統一之前，概有悲觀和樂觀兩極化的評估。悲觀的看法是：㈠兩德經濟掛帥的交流，一如「歐市」經驗，無法擴散至政治的整合。㈡西德長年大量經援東德，鞏固其共黨政權的合法性，使之延誤經濟改革。㈢西德「購買」東德政治犯之舉，使反對團體的力量無法凝聚，未能催促政治改革，反而紓解了東德政權的壓力。

至於樂觀的看法則是：㈠「歐市」整合涉及多國利益，兩德最大的歧見在於意識型態，經濟交流雖難以超越政治歧見，仍有助於消弭意識型態的對峙，並穩定雙邊關係。㈡西德標榜「自由重於統一」，兩德交流旨在促進東德社會的自由化，東德人民果能獲得充份自由，雙邊理念趨同，統一可期。㈢西德經援使東德國民平均生產毛額在「經互會」位居第一，又爲東歐國家中唯一持續成長者，因而「社統黨」必須長期仰賴西德經援，以維持民心穩定，對其本身合法性反而喪失主控權。㈣西德人民往訪頻繁，及新聞媒體長年穿透東德鐵幕，傳遞西方思想及物質文明，甚至蘇、波、匈等國自由化的動態，影響東德人民極鉅，造成「社統黨」的壓力。㈤自由富庶的西德提供東德人民生活方式的選擇，歷年來大量東德專業人才及年輕勞工出奔西德，使得原本人才匱乏、勞工短缺的東德經濟更形困難，亦加重留守崗位者的工作負擔，社會不滿情緒積蘊變局。

「基礎條約」以「和平相處」和「互不侵犯」二原則規範兩德關係，各代表「統」、「獨」兩大走向。在德國統一前，無人可預知命運的鐘錘擺向何方，亦難評估兩德交流對統一的實際功效：「基礎條約」旨在穩定「現狀」，然所謂「現狀」指是西德的「一國兩府」，還是東德的「兩國兩府」？西德的經援固改善了東德民生，但卻維持「社統黨」政權的穩定；西德「購買」政治犯的作法雖改善東德人權狀況，但卻解除了東德共黨的內政壓力，如此究竟是促進，還是拖延了統一？

無論「親睦」與「求變」是否有必然的因果關係，翟頓（Lawrence L. Whetten）爲「基礎條約」後的兩德關係下了一個允當的註解：「兩德人民兩地相隔，自尋認同意識，彼此狀似同胞，但又疏離冷漠。與世界上其他分裂國家相較，東西德已成功的發展出相處之道：雙方盡可能解決問題、擱置解決不了的問題，以及尊重彼此異議。『德國問題』不再是統一或不統一的問題，而是如何創造各自的認同意識，並消除敵意，相互調適。」（Whetten: 168）

## 第二節　德國統一的因素

一九八九年五月匈牙利政府開放與奧地利的邊界，引發東德自一九六三年柏林圍牆建立後最大規模的難民潮，同年十二月柏林圍牆坍倒，翌年七月兩德貨幣統一，十月德國統一，前後過程十八個月，進展之速令世人目不暇給。德國是二次大戰後至今唯一以和平方式完成統一的分裂國家，這場不流血革命在德國歷史上也是首次，其過程雖頗戲劇化，但仍係若干七〇年代初期以來長期醞釀的內外因素使然，斷非僥倖偶然。綜合促成德國統一的主要因素有三：㈠全歐和解環境的形成，㈡蘇聯東歐政策的轉變，㈢東德經濟的崩潰。

**【全歐和解環境的形成】**

六〇年代中期，東西歐國家普遍厭倦歐洲分裂、軍事對峙的局勢。法國退出「北約」指揮體系，羅馬尼亞擅自與西德建交，象徵東西歐涇渭分明的時代逐漸消逝。一九六六年華約「布加勒斯會議」（Bucharest Meeting）呼籲召開全歐安全會議；一九六七年「北約」通過「哈莫報告」（Harmel Report），決議促進與「華約」和解；一九六八年北約「雷克雅未克會議」（Reykjavik Meeting）提議與「華約」進行「相互均衡裁武談判」（Mutual and Balanced Force Reduction, MBFR）。「雷克雅未克會議」結束後兩個月，蘇聯出兵捷克，東西歐各國為之驚恐，力倡和解。

一九七二年美蘇簽訂「第一階段戰略限武條約」，翌年，蘇聯在西德促請下，參加「北約」與「華約」的首次「相互均衡裁武談判」。美蘇限武談判以核武為主；「相互均衡裁武談判」則旨在削減「中央戰區」（即東西德、波、捷、荷、比、盧）的兵力及傳統武器。「相互均衡裁武談判」因美蘇猜疑甚深，未產生具體結果，於一九八六年無疾而終，但其間努力並非徒然浪費，東西歐國家所獲得的談判經驗為分別於一九八四年及一九八九年展開的「歐洲裁武會議」（Conference on Disarmament in Europe, CDE）及「歐洲傳統武力裁減會議」（Conventional Armed Forces in Europe, CAFE）鋪下坦途。該二項會議各用了兩年不到的時間，就在「歐安會議」的架構下，順利獲致談判成果。

「（西）德蘇關係正常化條約」、「四強西柏林協定」、「第一階段戰略限武條約」，以及「兩德基礎條約」於一九七〇至七二年之間先後簽訂，全歐和解進入穩定階段。「北約」十六國、「華約」七國，以及歐洲中立國十二國（見圖十）於一九七三年舉行首次「歐安會議」，經兩年討論，簽署「赫爾辛基協定」，此為全歐和解、突破分裂的第一步嘗試。「歐安會議」既非正式組織，亦非定期會議，它是十九世紀初期「歐洲協盟」的現代版（按：「歐洲協盟」亦非正式盟約，參見第一章第二節），藉著外交磋商、軍事資訊的交換、元首

圖十 「歐安會議」會員國

熱線溝通等方式，增加兩個軍事集團的「可預期性」(predictability)及「透明度」(transparency)，以減少誤解和降低衝突。「歐洲協盟」與「歐安會議」都是「白種人俱樂部」，皆篤信「軍事平衡是外交談判的前決條件，談判宗旨在於化解危機、維持現狀」。所不同的是前者由英、法、普、奧、俄五個強權組成；後者則由所有歐洲國家

（除了阿爾巴尼亞）和美加等三十五個大小國家共同參與。

「歐安會議」的成立是東西歐共同冀望的：對法國而言，此乃歐洲本土化的和解構想，美國的主導色彩低，符合法國獨立自主的外交路線；對西德而言，藉此建立東西歐和解的多國性架構，使之名正言順的進行「德國政策」和「東鄰政策」；對東歐國家而言，與西方國家談判，藉以抗衡蘇聯的支配；對蘇聯而言，可藉以要求西方國家承認歐洲領土現況，使其在東歐的勢力範圍合法化；對中立國而言，得以藉此參與歐洲事務，爭取發言權，以免置身事外。美國因不願承認蘇聯戰後所強占的波羅的海三小國，且「歐安會議」非美國創意，不表熱衷，惟仍勉強參與。（Dyson: 90-1, Dean: 111-2, 227, Maresca: 22-4）

「赫爾辛基協定」是「歐安會議」首項談判成果，爲日後東西歐和解的方針。該協定共分三大項：㈠確保歐洲安全：維持領土現狀、放棄以武力干預他國、和平解決國際爭端、裁減全歐武力（按：前述的「相互均衡裁武談判」、「歐洲裁武會議」及「歐洲傳統武力裁減會議」均是由「歐安會議」推動），㈡促進歐洲經濟、科技、環保等方面的合作，㈢尊重人權、增進東西歐民間交流。「赫爾辛基協定」是第二次大戰後歐洲國家首次主導重整歐洲秩序，其雖只是多國性政治承諾，無法律約束力，惟前述三項和解原則歷經談判，詳加制度化，已爲歐洲國家奠定一套共同的行爲準則，亦建立互信互助的合作基礎。

布朗德政府依循巴爾的「四階段計畫」，積極爲「歐安會議」催生，期許該會議消弭「北約—華約」、「歐市—經互會」的對峙情勢，藉以提倡基本人權（尤其自由遷徙、家庭團聚、資訊自由流通），化解自由世界與共產世界之間的藩籬。兩德關係涉及全歐裁軍、政經互助、人權保障等問題，範圍廣泛，由「歐安會議」各成員國的認可，可防制蘇聯及東德對「德國問題」的獨斷獨行。在施密特與柯爾時期連任外長的根舍對「歐安會議」的功能極爲重視，一直大力推動。美蘇冀以「歐安會議」倡議的裁軍談判，削減對方的駐歐軍力，西德卻盼美蘇駐軍悉數撤離歐洲，東西歐得以突破分裂局面，則德國可望統一。

「歐安會議」每一成員國均有否決權，小國意願不致被忽視，妥協性強。「北約」及「華約」成員國以個別身份（而非集團對集團）參與決議，不受美蘇支配，「歐安會議」得以在東西歐意識型態對立的環境下運作，並將東西歐和解區隔於美蘇全球對抗的影響之外，蘇聯入侵阿富汗及波蘭宣布戒嚴時，美蘇關係緊張，幸賴「歐安會議」，東西歐國家溝通、談判、交流的誠意未曾頓挫，繼續遂行「赫爾辛基協定」的三項和解原則。

美、英、蘇於一九四五年「雅爾達會議」以八天會期決定了東西歐分裂的局面；三十五國「歐安會議」自一九七五年「赫爾辛基協定」簽訂後，歷經近十五年的努力落實，爲東西歐復合開創了新契機。歐洲分裂是德國分裂的肇因，東西歐和解則促使東西德邁向統一之路。

**【蘇聯東歐政策的轉變】**

八○年代初期，蘇聯逐漸由布里茲涅夫的全盛時期步入下坡，其因有三：

㈠在布里茲涅夫擔任蘇共總書記十九年期間（一九六四—八二年），先後經歷五任美國總統，蘇聯軍事力量壯盛，外交政策陰鷙強悍。一九七八年起布里茲涅夫病弱，其死後先後兩個繼任者健康不佳，皆死在任內，戈巴契夫於一九八五年上臺之前，蘇聯一直缺乏強而有力的領導階層，以致國力滑落。雷根總統任內，先後遭逢四任蘇聯領導對手，其外交政策嫻熟程度自占優勢，對美蘇全球對抗的局勢影響頗大。（Aspaturian: 181）

㈡布里茲涅夫不顧國內經濟，向外擴張，除與美國進行核武競賽外，尚積極援助第三世界共產顛覆活動，國力大量耗損。七○年代以降，「第二次工業革命」開展，西方工業國家莫不投下大量的人力物力，參與世界競爭。值此全球資訊革命，廉價勞力不足爲憑，國民教育水準、民生工業潛力，以及人民創造力等因素才是決勝關鍵，此對長久忽略國民福利、政治教條僵化的蘇聯及其共產附庸國至爲不利，因而遠遠落於西方工業國家及日本之後，甚對東亞新興工業國家也望塵莫及。（Griffith 1989: 1）

㈢蘇聯戰後囊括東歐爲其勢力範圍，先後出兵撲滅東德（一九五三年）、匈牙利（一九五六年）、捷克（一九六八年）、波蘭（一九八一年）的自由化運動，但其干預所付的成本逐次增加，每一次出兵行動暴露共產黨盡失人心的事實，故蘇聯爭取西方國家對東歐現狀的政治承認心切，必須在裁軍和人權問題的談判多作讓步，且其對東歐軍隊在「華約」的忠誠度益發懷疑。蘇聯於八〇年代初期將每年三七〇億美元軍援的半數提供予東歐（另半數予第三世界國家），惟見波蘭「團結工聯」興起，蘇聯甚不情願援助離心離德的「華約」，致使「華約」武器現代化備受阻礙。（Dean: 229, Herspring: 143-6）

蘇聯本身包括十五個加盟共和國、十八個自治共和國、二十三個自治省、四十八個自治區，史達林當初深知如遭外力侵入，其內部必然分崩離析，因此赤化東歐，以作為蘇聯政治和軍事的緩衝區，避免蘇聯本土直接面對西方的影響。此外，東歐是「社會主義國際化」的表徵，是蘇聯最重要的勢力範圍，一九六八年宣布的「布里茲涅夫主義」代表蘇聯支配東歐的政治宣示，東歐共黨政權全賴蘇聯的重兵保護，方能苟存。至戈巴契夫上臺，蘇聯對東歐的控制力已弱，「布里茲涅夫主義」形同具文，東歐人民得以無畏蘇聯軍事干預，向本國當權者挑戰。

東歐主要國家（波、匈、捷、東德）戰前的民生水準和工業化程度皆較蘇聯為高，且接觸西方民主思想較早較深，與蘇聯本有隔閡。根據達威夏（Kareh Dawisha）分析，一九八四年之際，蘇聯與東歐附庸國在經濟問題上產生極深的裂痕：㈠蘇聯勉強東歐國家分攤對「經互會」非歐成員國（古巴、越南、外蒙古）及第三世界國家（如衣索匹亞、阿富汗）的軍援，令經濟情況艱困的東歐國家深感不滿。㈡一九八三年世界石油價格大跌，蘇聯不願繼續廉價供應能源予東歐，對東歐經濟影響甚鉅；蘇聯尚強迫東歐加入蘇聯本土若干合資建設計畫，此對自顧不暇的東歐經濟不啻雪上加霜。㈢蘇聯面臨全球資訊革命的壓力，產業亟待升級，對東歐傾銷劣質工業產品，以換取蘇聯能源，轉售西方，賺取外匯的傳統合作模式，無法容忍，致使「經互會」成員國貌合神離。（Dawisha: 93-5）

八〇年代初期以來，東歐與蘇聯的經貿關係疏離，而轉向西方國家。蘇聯輸往東歐貨物總值的成長率於一九六六至七〇年間為一一％，一九七一至七五年間為七％，一九七六至八〇年間降為五％，一九八一至八五年間則為零成長。反之，東歐於一九七三至七九年間自西方國家進口的總值，由一百億美元增至逾二百億美元。東歐因外匯短缺，一九七〇至八〇年間積欠西方國家外債總額由九〇億美元增至八四〇億美元。（Marer: 57-60）蘇聯無法取代西方國家提供東歐所需之高科技產品，亦無力協助其工業現代化，或紓解其外債重荷，只有任由東歐續行「西向政策」，各取所需，因而增加東歐國家的自主權。

戈巴契夫眼見布里茲涅夫因過度軍事擴張，而使蘇聯經濟資源錯置，國力大損，上臺後逐步放棄與美國武器競賽及對第三世界國家的軍援。戈氏鑒於蘇聯實力日弱後，決定將其外交重心由全球對抗轉爲歐洲和解，不再以西方經濟體系爲敵，反而積極爭取加入「關稅暨貿易總協定」及「國際貨幣基金」，更期與將於一九九二年形成單一市場的「歐市」拓展關係。因此，戈氏大力推動「歐洲共同之家」的觀念，鼓勵東西歐合而爲一。

「歐洲共同之家」一詞首先由布里茲涅夫提出：「歐洲是我們共同的家，歷史文化的共同性使我們休戚與共，禍福相倚」（Zinner: 81）。布里茲涅夫當時意圖離間西歐與美國的關係。當戈巴契夫於一九八五年向西歐各國元首再提此一構想時，被親美的柯爾總理視爲其宣傳手法，將之比擬爲惡名昭彰的納粹宣傳部長戈培爾（Josef Goebbels），但戈氏於一九八七年出人意料的與美國簽訂「中程限武條約」，解除歐洲核武威脅，此舉爲美蘇自阿富汗事件所掀起的新冷戰劃下休止符。戈氏復於翌年在「聯合國」演講時，宣布蘇聯將片面裁減駐東歐的傳統武力，並表示東歐國家對其內政當有「選擇的自由」（freedom of choice），其所倡的「歐洲共同之家」始獲西歐人士普遍的認同。

西德自七〇年代以來與蘇聯和東歐之經貿關係漸趨密切，其間進出口總値居西方國家之首位。西德爲蘇聯最大西方貿易夥件，亦是蘇聯「經互會」最大貿易夥件東德的經援者。西德輸至蘇聯貨物的數額自一九八七年起大幅提升，一九八八年爲止，西德與蘇聯合資企業共十三家，居西方之首，西德尚提供蘇聯三〇億馬克的貸款。（*Economist*, Oct. 22, 1988）西德政府自戈巴契夫上臺以來，以密集的高層官式訪問促之訪問西德，其中包括西德總統魏塞克（Richard von Weizsaecker）、柯爾（兩次）、根舍（五次）。雖然戈氏遲至一九八九年六月才報聘訪德，但此前特准何內克於一九八七年九月赴西德訪問。

布里茲涅夫於一九七一年曾阻止烏布里希訪問西德，戈氏前任者契爾年柯（Konstantin Chernenko）亦曾於一九八四年阻止何內克訪問西德，以免激發東西德統一的意念。契爾年柯死後，以葛羅米柯（Andrei Gromyko）爲首的反西德派隨之下臺，由曾任蘇聯駐西德大使的法林（Valentin Falin）爲首的親西德派得勢，戈巴契夫對兩德關係的發展較少阻撓。何內克之成行，意味蘇聯對德政策的一大轉變，象徵戈氏不擬干預東歐國家內政。

蘇聯於二次大戰後以西方爲敵，其時英法尚弱，史達林以據有東歐爲足，未刻意分裂德國。赫魯雪夫則因西歐強盛，美國又在歐部署中程核武，危及其東歐勢力範圍，乃將「安全疆界」向西推展至東德，授意東德興建柏林圍牆，德國分裂始成定局。冷戰結束，東西歐重返「歐洲共同之家」，不再相互敵視，蘇聯安全不再依靠東歐屏障，德國統一恢復希望。

戈巴契夫在柯爾一九八八年十月訪蘇時，向試探德國統一可能性的柯爾警告：「德國分裂是歷史產物，任何企圖改變現狀的行動都是危險之舉，後果難以估計。」（Adomeit: 4）

其實當時戈氏所估算者，已不再是「是否」棄守東歐，而是「如何」爲之。整整一年之後，東歐各國在戈氏「自由選擇」的授意下，民主化運動風起雲湧，德國統一成爲大勢所趨，戈氏又發出警語：「誰遷延（改變現狀的）時日，終生將遭譴責。」（Those who are late will be punished by life istelf.）他此次警告的對象卻是無視歷史潮流、頑固守舊的何內克。

**【東德經濟的崩潰】**

八○年代初期，東德的國民生活水準、平均每人國民生產毛額、每年經濟成長率位居東歐之冠，東德的勞動生產力爲「經互會」平均值的兩倍以上，是其他東歐國家的第二大貿易夥伴（僅次於蘇聯），東德的平均每人國民生產毛額高居世界第二十位，甚較英義爲佳。（Krisch: 90）

東德經濟成就歸功於基督新教的勤儉傳統、位居東西歐中介的地緣優勢、西德經援及其間的貿易關係等因素，但其經濟結構仍一直存有若干隱憂：東德勞工女多於男（一九七八年東德逾半的勞動人口爲女性），教育程度低落，工作品質不佳。東德年輕力壯或學有專精的勞動人口消耗在繁忙的軍警勤務（一九八一年東德四分之一的專業工人學非所用），人才資源嚴重浪費。東德平均每人國民生產毛額雖高於英義，但因東德經濟發展偏向重工業，輕忽民生需求，故生活水準遠不如該兩國。東德居住環境惡劣，向爲當地人民所詬病：一九七八年東德半數以上的公寓爲建於一九一九年以前的房舍，其中僅十八%裝有暖氣設備，四六%備有浴室。此外，東德民生消費物資普遍缺乏，黑市交易猖獗，民怨甚深。(Childs: 143-8, Krisch: 96)

東德外匯存底不足，東德馬克對外流通性不高，信用度低，購買力弱。東西德貨幣的實際兌換率爲約五：一（公訂兌換率一：一），特准商店及黑市的西德馬克交易量極大，無從節制，導致東德當局不易掌握國內物價、貨幣流通、經濟成長的實況。柏林圍牆建立後，烏布里希政權企圖穩定民心，引進市場經濟觀念，進行名爲「新經濟體制」(New Economic System)的改革，惟東德共黨內部歧見甚深，且布里茲涅夫橫加阻攔，該項改革於一九七〇年夭折，烏布里希隨之下臺，此乃東德僅有的一次經改。其後，何內克曾嘗試裁減官僚冗員、國防經費、縮編情治機構，然而「雷聲大，雨點小」，效果極微。

蘇聯盛產石油，自五〇年代以來，以低於世界價格的油價輸出石油至東歐國家，而自東歐國家輸入機械設備和工業成品。東歐國家的產業卻因集中於落後的蘇聯市場，遲遲無法提升品質。蘇聯以油價貼補方式供東歐國家將石油轉手輸往西方，賺取外匯，或購進西方消費品和工業半成品，因此東歐經濟命脈無異受制於蘇聯油源，東德亦不例外。一九八三年世界石油價格大跌，蘇聯不堪虧損，輸往東歐石油量銳減。東德自蘇聯進口石油的比率曾高達九〇%，石油進口縮減，其經濟頓時陷入困境。（Marer: 51-5）「經互會」多年來工業發展分工整合的努力失敗，其他東歐國家工業水準低落，所生產零件不符合東德機械配件的品質要求，使東德工業在東歐地區孤掌難鳴。（Griffith 1989: 316）東德本身產業長久在共產制度下喪失創造力及應變彈性，國內投資不足，官僚體系僵化，研究發展環境不佳。東德科研人員因市場小、利潤低，寧可將其創意專利賣給西德廠商，而不願在國內發展生產，長久以降，東德工業產品在世界市場的地位爲東亞新興工業國家取代，例如，一九八八年臺灣對工業先進國家的機械出口值，較東德出口值高出二〇倍，新加坡亦高出東德十倍。（Maier: 14）

東德自未趕上七〇年代資訊革命的班車後，在「經互會」的風光不再。雖然東德當局歷年派遣無數工業間諜赴西德盜取高科技，但無意仰給於西方科技轉移，且西方對高科技輸至共產國家實施長期禁運，對西德協助東德重點工業的升級多所限制。一九八三年世界油價下跌，東德緊縮西方高科技產品的進口，現代化進度更緩。時至一九八五年，東西德工業技術差距拉大，東德過去輸往西德的大宗（如電子、機械、化學製品）已不符西德需求標準，其民生工業產品（如成衣、製鞋）的競爭力亦大不如東亞新興工業國家，影響兩德貿易頗鉅。兩德貿易於六〇年代後期至八〇年代中期之間平穩發展，每年平均成長率爲一一%，然一

九八五年後兩德貿易總額未增反減，一九八六至八八年的成長率分別爲八%、一・七%、二%。(Maier: 13)

東德自八〇年代初期外債增加（一九八三年爲八〇億美元），企圖以緊縮進口，加強外銷，以減輕外債負擔。西德銀行團於一九八三至八四年間在政府擔保下，兩度提供東德共計二〇億馬克的貸款，以協助穩定東德經濟，惟無法治本。東德政權的合法性長久建立在其經濟表現，一旦經濟面臨危機，合法性卽備受威脅，東德當局爲求西德經援，大幅開放與西德交流（按：一九八四年東德人民獲准至西德探親者三五〇萬人，爲有史以來最高紀錄）。但東德人民的物質慾望自「基礎條約」簽訂後大大提升，與每況愈下的東德經濟實力不成比例，加以一九八三年起東德縮減西方消費品的進口，民生物資頓缺，反對勢力在教會或反核運動的名義掩護之下，以示威遊行催迫當權改革，社會亂象浮現，「打倒柏林圍牆」的口號已時有所聞。

東德當局於八〇年代初期平反馬丁路德、菲特烈大帝、俾斯麥、克勞塞維茨等歷史人物，並予以推崇，嘗試將東德認同意識重植於歷史文化之上，然東德共黨此舉未及遏阻內部不滿的聲浪。時至一九八七年，東德消費品匱乏，工業生產低落、環境汙染加重經濟成本，經濟瀕臨崩潰。何內克於該年訪問西德，東德國旗首度飄揚在波昂，何內克以國家元首身份接受柯爾禮遇，藉以穩定其政權之合法性，但仍未能拯救垂危的東德經濟。

東德經濟危機不僅動搖國內的認同意識，亦造成其外交孤立的窘境。東德與羅馬尼亞是少數堅拒戈巴契夫改革政策的東歐國家，東德政權當初靠蘇聯卵翼而成立，其工業潛力被蘇聯視爲「經互會」工業化的動力，而東德的合法性在西德的威脅下，全賴蘇聯的外交支持而鞏固，東德一九七四年的憲法尚明文規定蘇聯爲東德「永久的盟邦」。八〇年代中期，東德產業已喪失世界競爭力，又與蘇聯在意識型態上難以相容，雙方關係日漸不睦。

「社統黨」首席共黨理論家哈格（Kurt Hager）於一九八七年八月被問及對戈巴契夫的改革政策的看法時答稱：「我們不會因鄰居重貼壁紙，也開始粉刷自己家裏的牆壁。」（Griffith 1989: 322）然而，東德情勢惡化，行將圮倒，已非「重貼壁紙」可以粉飾。當時的「社統黨」經委會主席米塔克（Guenter Mittag）於一九九一年回憶稱：「一九八三年東德經濟敗象至明，何內克已心知肚明，但其年邁僵化使之無從肆應變局，迨至一九八七年底『社統黨』已無力回天。……除非與西德統一，否則東德經濟崩潰後的後果眞是不堪想像。燒殺、刼掠、貧窮、饑餓，每想到這些可怕的後果，令人不寒而慄。」（*Spiegel*, 37/1991）

## 第三節　邁向統一之路

（按：以下大事記係根據 *Der Spiegel, Die Zeit, Foreign Affairs, World Affairs, Economist, Current History, Washington Post, New York Times, International Security, International Affairs, Frank Schumann's "100 Tage: die die DDR erschuetterten"* 等書刊資料編撰。）

**一九八九年**

五月 ㈠匈牙利政府依照年初所簽署「歐安會議」的「維也納人權協定」，撤除與奧地利之間二四〇公里的路障與鐵絲網，以保障其國人出國旅遊居住之自由。

㈡何內克公開表示支持中共鎮壓天安門民運之舉。

六月 戈巴契夫訪問西德，臨別發表聲明，支持民族自決、裁減武力，以及美加兩國加入「歐洲共同之家」。

七月 戈巴契夫於「華約」高峯會議呼籲：「華約」對個別成員國解決國內問題應多加寬容。七十七高齡的何內克病重，提前離會，返德就醫。

八月 ㈠東德難民以每週約五千人之數量，假道匈牙利，逃往奧地利，輾轉投奔西德。匈牙利外長赫恩（Gyula Horn）親赴東柏林，婉拒何內克要求封閉匈奧邊界，並遣返東德難民之請。數千名東德難民陸續逃往西德駐東柏林代表處及駐匈捷大使館，獲西德收容庇護，東德向西德抗議。

㈡蘇聯首次承認一九三九年「德蘇互不侵犯密約」的史實，並稱之爲非法。

九月

㈠匈牙利不顧東德抗議，大幅開放與奧邊界檢查，引發東德自一九六一年柏林圍牆興建以來最大的逃亡潮，未足一個月，約三萬東德難民經匈奧逃抵西德。柯爾致電感謝赫恩的善意。

㈡東德人民開始在東柏林、萊比錫（Leipzig）、德勒斯登（Dresden）等地舉行大規模示威。

十月

㈠七日，戈巴契夫赴東柏林參加東德建國四十週年慶典，力促何內克進行蘇式改革，稱東德的決策權在東柏林，不在莫斯科，並告訴何內克：「誰遷延（改革的）時日，終生將遭譴責。」

㈡何內克向來訪的中共國務院副總理姚依林表示，他將以仿效中共在天安門的鎮壓措施，驅散預定在萊比錫舉行的示威運動。

㈢萊比錫示威人數高達五萬人，何內克指示東德軍隊血腥鎮壓，蘇聯外長謝瓦納茲（Eduard Shevardnadze）命令蘇聯駐軍勿介入東德內政，東德國安部長葛蘭茲（Egon Krenz）飛赴萊比錫，收回何內克成命。九日（星期一），萊比錫示威人數激增爲十萬人，爲東德歷年來最大規模的羣眾示威運動，號稱「週一遊行」(Monday demonstration)，執政十八年的何內克被迫下臺，葛氏繼任「社統黨」總書記，但堅持「由上而下的改革」(reforms from above)。萊比錫要求改革的羣眾續增至三〇萬人，訴求主題除了要求內政改革、遷徙自由、新聞自由外，尚可聞渴望統一的口號：「我們(東西德)是一個民族！」("Wir sind ein Volk!" or We are one people!)

㈤謝瓦納茲在「華約外長理事會」呼籲逐步解散「華約」和「北約」，與會代表發表公報，聲明不干預成員國之內政，蘇聯於一九六八年所宣布的「布里茲涅夫主義」至此壽終正寢。

十一月

㈠四日，萊比錫示威羣眾人數增至一百萬人。七日，史妥夫內閣總辭，較受蘇聯支持的自由派莫得洛(Hans Modrow)繼任總理，承諾全面改革。「社統黨」高幹貪瀆情事謠傳極盛，莫氏下令調查。

㈡莫得洛宣布簡化出境程序，並開放東西德邊界，取消柏林圍牆進出管制，企圖以自由遷徙之保證，號召東德逃亡人口回流。

㈢九日，柯爾和根舍共赴西柏林，向狂熱的東西柏林羣眾宣布該日午夜將開啟柏林圍牆，並將在最短期間內拆除。西柏林市長蒙波（Walter Momper）對眾歡呼：「今晚德國人是世界上最快樂的民族。」二十八年前親睹柏林圍牆高築的布朗德應邀發表演說稱：「原本共屬一體的民族，從此將連心成長。」（"Nun waechst zusammen, was zusammen gehoert", or What belongs together can now grow together.）開放當日，四萬東德人湧向西柏林（西德政府發予每名入境東德人一百馬克的零用金），翌日僅一千五百人返回東德。本月近十四萬東德難民擁向西德，創下五月份以來之最高紀錄，此時，東德已流失其原本人口總數的十分之一。該日至翌年十月三日德國統一之日，共計三二九天，東德情勢急遽變化，終致推翻共產制度，被稱爲「柔性革命」（"Sanfte Revolution", or soft revolution）。

㈣葛蘭茲稱兩德邊界的開啟並不意味統一。

㈤根舍在「聯合國」保證德波戰後國界不變。然而，柯爾訪問波蘭，順道至德國故土希利西亞向德裔波人高呼：「希利西亞是我們的！」

㈥東德大量難民持續湧向西德，造成東西德經濟和社會的動盪，對柯爾政府而言，統一勢在必行，惟柯爾預期統一過程需五至十年，德國統一如能在本世紀底實現，將是「歷史上一件幸運的大事」。柯爾公布「統一方案十個要點」（Ten Point Plan of Unification），建議東德經由自由選舉，進行政經改革，與西德先成立「條約共同體」（"Vertragsgemeinschaft", or community of treaties），卽兩德依據各種條約組成暫時性的邦聯體制，作爲日後邁向統一的基礎。柯爾公布此議前，既未諮詢美、英、法，亦未告知外長根舍，蘇聯和東德政權均表反對。蘇聯政府發言人稱：「此時德國統一尚言之過早。」

(八)根舍飛赴匈牙利首都與赫恩簽約貸款五億馬克予匈，以感謝其開放與奧國之邊界，創造德國統一的先機。

十二月

(一)美蘇舉行「馬爾他高峰會議」（Malta Summit），戈巴契夫在會中向美國總統布希（George Bush）建議，美蘇盡撤駐歐軍隊，並恢復德國統一及其中立，布希認爲茲事體大，拒予詳論。

(二)布希發表美國對德國統一之立場：支持東西德經由民族自決方式達成統一，統一過程當以和平漸進爲原則，統一後的德國應仍爲「北約」及「歐市」成員國，當尊重戰後四強的有關權利，並保證一九七五年「赫爾辛基會議」維持歐洲疆界不變的協定。

㈢美國駐西德大使華特斯（Vernon Walters）公開表示，東西德將在五年之內統一；英國首相柴契爾夫人則認爲德國統一需十至十五年時間。

㈣東德國會廢除憲法中有關「社統黨」一黨專政之條文，允諾實施多黨政治，惟葛蘭茲堅持東德仍爲社會主義國家，拒談統一事宜，暫訂翌年五月（稍後提前至三月）舉行自由選舉。

㈤何內克、史妥夫等十二名「社統黨」高幹因濫權貪黷，遭開除黨籍，並被軟禁或收押。該黨已盡失民心、無可救藥，葛蘭茲黯然下臺，代以基司（Gregor Gysi）主政，東德共黨易名爲「民社黨」（"Partei des Demokratischen Sozialismus"）。基司仍拒談統一事宜。

㈥東德取消西德人民至東德訪問之管制及所繳規費。

㈦法國總統密特朗與戈巴契夫在基輔（Kiev）會談後表示，德國只要以和平、民主、民族自決的方式統一，是合法的，並不足畏；但西德不應操之過急，破壞歐洲權力平衡，並遲滯「歐市」統合進度。

㈧柯爾與莫得洛會商於德勒斯登，柯爾允予東德三十五億馬克優惠貸款，惟莫氏仍拒絕統一提議。在萊比錫示威的二〇萬羣眾要求統一之聲浪日趨高漲，東德向西流失的人數續增，其中青壯的專業人才居半，西方觀察家預估，再增五〇萬人，東德經濟將全面瓦解。

㈨柯爾稱，德國行將統一，其形態非「邦聯」(confederation)，而係「聯邦」(federation)，並稱統一過程將密切與美蘇領袖磋商。

㈩謝瓦納茲稱，西德目前侈談統一是假借民族自決之名，企圖破壞戰後政治事實的「危險不智之舉」(dangerous irrationality)；但戈巴契夫認為，就統一事宜為難西德，恐將弄巧反拙，刺激德人排外，有意對西德讓步。

(十一)密特朗訪東柏林，勸告莫得洛謹慎處理統一事宜。翌(二十二)日莫氏與柯爾主持開啟柏林「布蘭登大門」(Brandenburg Gate)，矗立二十八年的柏林圍牆正式瓦解。

**一九九〇年**

元月　㈠莫得洛同意柯爾所提東西德先行成立「條約共同體」的建議，擬經由邦聯的過渡期，逐步統一。莫氏飛赴莫斯科，獲得戈巴契夫之首肯，但須在德國維持中立的條件下進行。

㈡根據英國《經濟學人週刊》(*Economist*)及美國《洛杉磯時報》(*Los Angeles*

*Times*）合辦的問卷調查結果，多數美、英、法人支持德國統一，波蘭人較反對之；英、法、波蘭人擔心統一後的德國將稱霸歐洲，美國人不以爲然；美英人認爲德國未來稱霸的工具爲法西斯主義，法人認爲德人將以經濟力量稱霸，波蘭人則認爲德人將會擴張其版圖。

㈢戈巴契夫首度公開表示：「無人可懷疑德國統一的可能性。」柴契爾夫人接受《華爾街日報》（*Wall Street Journal*）採訪時稱，東西德若對統一操之過急，可能導致戈氏失勢下臺。

二月

㈠柯爾與根舍聯袂至莫斯科會見戈巴契夫，獲其正式同意德國統一。戈氏同日宣布願自東歐撤軍。

㈡莫得洛大量延攬非共人士入閣，共黨人士成爲少數。

㈢「北約」和「華約」外長會於加拿大渥太華（Ottawa）商討裁武細節後，美、蘇、英、法續談德國統一事宜，決定「二加四」（即東西德及戰後四強）會談（two plus four talks）模式。謝瓦納茲認爲「德國統一之日的來臨當不似波昂政府估算的這麼快，而至少要數年的時間」，並認爲統一後的德國斷不可能續留「北約」。同日，柯爾與莫得洛在波昂發表聲明，同意共議貨幣統一事宜。

㈣柯爾赴美與布希會商，徵得其對統一事宜之全力支持，布希期許美德兩國「共治天下之盟誼」(partnership in leadership)。柯爾聲稱，德波戰後國界須待德國統一後再議。

㈤根據西德「威克機構」(Wickert Institut) 民意調查結果，近九成的西德人和八成的東德人贊成以「基本法」爲統一後的德國憲法。

三月

㈠戈巴契夫重申統一後的德國應退出「北約」，保持中立。

㈡柯爾同意無條件保證德國統一後與波蘭之國界不變。

㈢首次「二加四會議」在波昂召開。

㈣根據西德「阿倫斯巴哈民意調查機構」(Institut fuer Demoskopie Allensbach) 調查結果，六九%的西德受訪者贊成東西德統一，一一%反對；八〇%的六〇歲以上的受訪者贊成統一，四十五至五十九歲間的受訪者有七六%贊成，三十至四十四歲間的贊成者爲六四%，十六至二十九歲間的贊成者爲五七%；「基督聯盟」、「自民黨」、「社民黨」、「綠黨」黨員贊成統一的比率分別爲七九%、六九%、六三%、四八%。

㈤根據西德「選舉民意調查小組」（"Forschungsgruppe Wahlen"）在東德調查結果，九成的受訪東德人贊成統一，多數人認爲統一在短期內對東德人利多於弊，但長期而言則利弊參半。

㈥東德首次自由大選，以「基民黨」爲主、主張儘速統一的保守派聯盟在柯爾大力支持下（柯爾於選前曾親赴東德六次爲「基民黨」輔選，捐助逾五百萬馬克），獲四八・一％的選票，「社民黨」獲二一・八％居次，共組聯合內閣，「基民黨」主席麥哲勒（Lothar de Maiziere）於次月出任東德末代總理。「民社黨」（前「社統黨」）只獲一六・三％，被排出內閣，共黨勢力在東德正式潰散。

四月　㈠謝瓦納茲至華府向布希建議，德國統一後的四年至七年內，同時參加「北約」和「華約」，此議爲布希所堅拒。

㈡東德首屆民選國會通過決議，請求猶太人及蘇聯人寬恕德人參與納粹罪行。

㈢柯爾和麥哲勒會商，原則同意兩德貨幣統一。

五月　㈠布希在美蘇「華府高峰會議」向戈巴契夫提出九點保證，以安撫蘇聯，確保統一後的德國續爲「北約」成員國。該九點保證要點爲：「北約」於德國統一後不在東德駐軍、蘇聯可在東德駐軍至一九九四年底、德波邊界不致擅改、德國不擁有核子及生化武器、「歐安會議」功能將予強化。戈氏獲得布希保證後，對統一的德國加入「北約」一事之態度趨於軟化。

㈡十八日，東西德財政部長簽署條約，協議兩德貨幣、經濟、社會體制自七月一日起統一，隨後分別獲雙方國會通過認可。

六月　㈠兩德國會通過決議案，正式承認奧得、奈塞河爲德波邊界。

㈡根據《經濟學人》週刊及《洛杉磯時報》合辦的問卷調查結果，西德人最擔心的是環保及難民問題，最不擔心的是蘇聯威脅；多數西德人贊成統一後的德國續爲「北約」成員國，但「北約」核武應即撤離德國。

七月　㈠一日，東西德貨幣統一，西德聯邦銀行增印兩千億馬克新幣，汰換東德馬克，兩德已實質統一，此舉旨在遏止東德人口繼續流失。

㈡「北約倫敦高峰會議」（London Summit）後發表宣言，解除與「華約」的敵對關係，建議兩集團建立合作互信之關係。該會議堅持德國於統一後仍爲「北約」成員國，但追認布希對蘇之九點保證。

㈢柯爾與戈巴契夫會商於蘇聯高加索哲城（Zheleznovodsk），柯爾應允美、英、法軍可駐留柏林至蘇聯撤軍之日；德國不發展或擁有核子及生化武器，柯爾並允諾予蘇五〇億馬克貸款。戈氏同意德國續留「北約」。

㈣東德國會通過法案，將東德所轄十四行政區（"Bezirke"）改制為五邦，準備歸併至西德體制。

八月　三十一日，兩德代表在東柏林簽約，決定十月三日為統一之日，該約於九月二十日獲雙方國會認可。

九月　㈠最後一次的「二加四會議」在莫斯科召開，東西德與美、蘇、英、法簽署「對德和約」（Treaty on the Final Settlement With Respect to Germany），四強停止其戰後對德權利和責任。該和約限定蘇聯於一九九四年底撤離駐守東德之部隊，其他外國部隊不得進駐東德，並保證奧、奈河為德波邊界。

㈡西德與蘇聯簽署互不侵犯條約。

㈢東德撤出「華約」。

十月　三日，東德依據「基本法」第二十三條加入「德意志聯邦共和國」，完成統一。

（見表十五至表十七、圖十一）

【表十五】東西德一九八九年基本資料對照表

| | 面積／千平方公里 | 人口／百萬人 | 平均每人國民生產毛額／美元 | 就業人口比率／% 農業 | 就業人口比率／% 工業 | 就業人口比率／% 服務業 | 通貨膨脹率／% |
|---|---|---|---|---|---|---|---|
| 西德 | 二五〇 | 六二 | 一九、三〇〇 | 五 | 四〇 | 五五 | 二・五 |
| 東德 | 一〇八 | 一六 | 四、五〇〇 | 一一 | 四七 | 四二 | 二・五 |
| 總計 | 三五八 | 七八 | 一六、二〇〇 | — | — | — | 三・四 |

【表十六】東西德一九八九年基本資料對照表（續）

| | 出口總值／億美元 | 進口總值／億美元 | 經濟成長率／% | 人口成長率% | 每一千人擁有汽車數 | 每一千人擁有電話數 | 天主教與基督新教教徒比率 |
|---|---|---|---|---|---|---|---|
| 西德 | 三、〇五六 | 二、三六八 | 一・三 | 四 | 四五〇 | 六二〇 | 四三%：四二% |
| 東德 | 三二〇 | 三二〇 | 〇 | 〇 | 二二〇 | 二四〇 | 七%：四二% |
| 總計 | 三、三七六 | 二、六八八 | — | — | 四〇〇 | 五四〇 | — |

資料來源：*Economist*, June 30, 1990, *Economist*, Sept. 29, 1990, *Sunday Times*, Sept. 10, 1989

【表十七】統一後的德國與美日實力對照表（一九九〇年）

| | 平均每人國民生產毛額／美元 | 國民生產毛額／億美元 | 投資佔國民生產毛額比率 | 出口總額／億美元 | 外貿收支平衡／億美元 | 世界前一百名銀行數 | 佔世界總人口比率 |
|---|---|---|---|---|---|---|---|
| 德國 | 二四、九一〇 | 一、三七三 | 二〇 | 三、五四一 | 七三九 | 一二 | 一・三 |
| 美國 | 二一、〇一八 | 五、二三三 | 一五 | 三、二一六 | 負一三八 | 九 | 四・九 |
| 日本 | 二三、八七九 | 二、八二〇 | 三二 | 二、六四九 | 七七五 | 三三 | 二・〇 |

資料來源：*Busisness Week*, April 2, 1990, *Newsweek*, Feb. 26, 1990, *U.S. News & World Report*, July 16, 1990

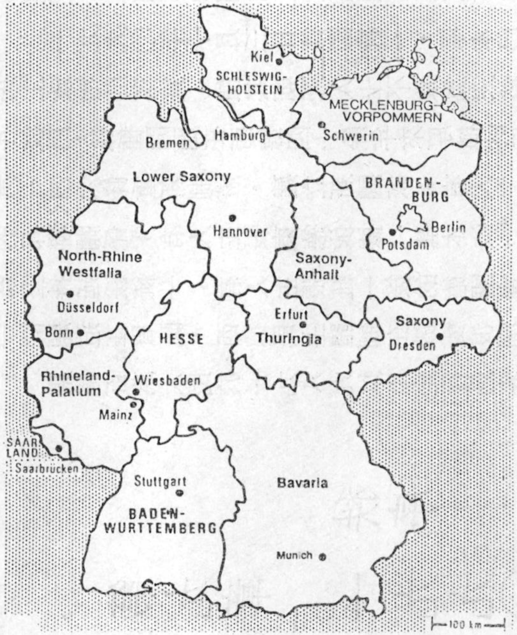


| 邦　　名 | 人口數（百萬人） | 統一（前）後上院席次 |
|---|---|---|
| North Rhine-Westphalia | 16.7 | 6（5） |
| Bavaria | 10.9 | 6（5） |
| Baden-Württemberg | 9.3 | 6（5） |
| Lower Saxony | 7.2 | 6（5） |
| Hesse | 5.5 | 4（4） |
| Saxony | 5.0 | 4（0） |
| Rhineland-Palatinate | 3.6 | 4（4） |
| Berlin | 3.3 | 4（4） |
| Saxony-Anhalt | 3.0 | 4（0） |
| Brandenburg | 2.7 | 4（0） |
| Schleswig-Holstein | 2.6 | 4（4） |
| Thuringia | 2.5 | 4（0） |
| Mecklenburg-West Pomerania | 2.1 | 4（0） |
| Hamburg | 1.6 | 3（3） |
| Saarland | 1.1 | 3（3） |
| Bremen | 0.7 | 3（3） |
| 總計 | 77.7 | 69（45） |

圖十一　統一後的德國

# 第九章　一九九〇年後的德國問題與歐洲秩序

東德百萬人民於一九八九以出走行動表達對共產政權的背棄，「社統黨」不支坍倒。統一問題迫在眉睫，西德民主體制在激變浪潮的衝擊下備受挑戰：執政黨主張加速統一，反對黨堅持延緩統一；有人主張統一後的德國實行聯邦制，有人則建議與東德維持類似與奧地利的邦聯關係；有人主張東德依據「基本法」第六條加入西德，有人則認爲東西德應依據該法第一四六條重新制憲，建立新國家；有人主張統一後應遷都柏林，有人卻堅持德國首都仍應在波昂，種種問題在西德四十餘年來厚植的民主基礎上理性爭辯，終得相繼解決。因此，西德民主政治的落實，使其朝野人士不致爲突然降臨的統一良機，自亂陣腳，「爲統一而分裂」。

一九九〇年十月三日德國統一，原本已是西歐首強的西德增加了二六%的人口、四四%的領土、二四%的國內生產毛額、三五%的軍隊，但這並非一個圓滿快樂的完結篇，因在統一團圓的激情之後，若干嚴肅現實的課題，猛然浮現。在一千餘年的德意志歷史中，統一時期僅占了七十五年，一如德國歷代的統合過程，一九九〇年的德國統一亦是經濟誘因重於民族整合和民主追求的動機（俾斯麥以「關稅同盟」號召西南各邦；史崔瑟曼以爭取減免戰後賠款，安撫反對勢力；希特勒以擴大公共建設及軍事工業，克服經濟蕭條）。如何重整殘破落後、百廢待舉的東德經濟，成為今後德國政府維繫統一、防範分裂的首要急務。

**【另一次經濟奇蹟？】**

德國統一後的一年間，失業率節節升高，其因在於：㈠東德自貨幣統一後，物價高漲，通貨膨脹率增高（由二・五%增至四・五%），工資隨之增加（由原西德工資的三分之一增為二分之一）。㈡東歐及蘇聯的舊有市場因政局變化而散失，出口銳減（例如一九九一年上半年，東德與蘇聯的貿易額減少五二%），原有工廠入不敷出，紛紛裁員。㈢負責東德國營產業私有化的「國家信託局」（"Treuhandanstalt", or national trust, 簡稱「國信局」）強迫關閉營運不佳的企業，致使東德五邦失業率在一九九〇年八月至一九九一年八月間，由四・一%增至十二・一%，失業人口高達一〇六萬人；西德同時期的失業率反因出口東德增加，由六・二%降至五・六%，為數一六七萬人。（*FAZ*, Sept. 5, 1991）

據統計，東德工業廠房設備的使用時間已逾十年者為五五%（西德為二九%），逾二〇年者約二一%（西德為五%），因此其生產力無法隨工資的提升增加（按：統一前東德的生產力僅為西德的三分之一），反於一九九〇至九一年間降低約四〇%；其他如道路、通訊、郵務系統等基本設施及環保措施亟待改善，德國政府於統一後的一年間業已挹注東德地區一千五百億馬克（占國民生產毛額的五%）從事公共建設、供應民生消費品、貼補社會福利。據估計，其後十年德國在東德地區的重建工程將花費約兩兆馬克。（Arnold: 459）二次大戰後，「馬歇爾計畫」每年援助每名西德人八百馬克，如今西德人援助東德人的費用為其十一倍。（*Spiegel*, 33/1991）

德國為了避免爭議，迄未要求「歐市」以援助成員國落後地區的原則提供經援，東德重建費用概數由德國本身支出。德國目前預算已呈現赤字（一九八九年預算赤字為一九〇億馬克，一九九〇年為四七〇億馬克，一九九一年預估將超過六六〇億馬克），將占一九九一年國民生產毛額的八%（按：預算赤字問題嚴重的美國不過占五%）。（*IHT*, July 10, 1991, *Time*, Aug. 19, 1991）德國國民平均所得於一九九一年由原來「歐市」的第二位（次於丹麥），退居第五位，柯爾政府已被迫增加所得稅，此外，政府負債增高、社會福利縮減、外銷競爭力衰退，貿易順差於一九八九年由一三四〇億馬克降至一一〇〇億馬克。（*INH*, Feb. 2, 1991）埃哈德於一九六六年因西德通貨膨脹率升為三%，而自首相職位下臺，施密特於一九八二年因通貨膨脹率及失業率高達五%而去職。柯爾完成統一大業居功至偉，「基督聯盟」於一九九〇年十二月全德大選獲四三%的選票（加上「自民黨」的一一%，得以繼續執政），並取得聯邦國會六六二個席次中的三一九席。然柯爾的聲望已於一九九一年初由七一%滑落至三四%（*NYT*, March 28, 1991），他若長久不能解決德人所厭惡的通膨及失業問題，鑒於埃、施氏之前例，其恐難逃下臺的命運。

東德五邦經濟重建的動力在於國營產業的私有化，「國信局」負擔此一艱鉅的任務。該局係於一九九〇年三月由東德莫得洛政府設立，統一後隸屬於德國財政部之下，負責將東德原有三千餘家大型國營企業，以及農、工、林業產地化整爲零，拍賣給民間經營。總部位在柏林，共有一千五百名職員的「國信局」除設法儘速拍賣現有一萬多家中小型國營企業外，並協助改善待售產業的經營條件和關閉不堪虧損的企業。該局首任局長羅威德（Detlev Karsten Rohwedder）由於措施急切，在一九九一年四月遭恐怖份子殺害，繼任者爲布勞爾女士（Birgit Breuel）。東德經濟能否起死回生，並遏阻人口流失（按：東德於一九八九年初期至一九九一年中期間移居西德的人口，共計二五〇萬人），端賴「國信局」私有化的成效。

東德原爲世界第十一位工業大國，現有強勢馬克爲後盾，本身工業發展條件甚佳，工資低廉，且為外銷東歐和蘇聯的前哨站。但短期內東德五邦的經濟發展仍有若干不利的因素：㈠東德習於國家計畫經濟，長久孤立於國際市場之外，人民欠缺主動創造的精神和市場經濟的經驗；各級行政、司法、稅務單位的現代商務常識貧乏；其社會亦無西德的「半公眾組織」（參見第四章第二節）來彈性因應社會實際需求。㈡東德的工資約為西德的一半，五年內可望與西德水準齊平。據估計，東西德生產力自一九九○年起，可能分別以七・五%和二・五%的速度成長，全德國民所得將在二○○七年之際達到東西均富。此即謂，東德工資低廉再也不是其經濟發展的稟賦。㈢東德昔日工業條件在落後的「經互會」中甚為突顯，但與今日西歐水準相較則並不出色，東德中小企業在與西德企業競爭之下，有人才流失或被迫倒閉之虞；東德人口老化嚴重，社會成本（如退休金和養老院經費）較高；且東德地區前遭共黨充公的產業至今產權不明，令投資者裹足不前。㈣蘇聯及東歐是東德傳統市場，但如今該地區政經秩序紊亂，購買力脆弱，無利可圖。(Dohnanyi: 161-291, Tietmeyer: 7-8)

儘管如此，歐美各國皆認為東德的工業生產力在本世紀結束前可達到西德水準的五分之四，屆時西德對東德的輸出及經援將減少，只要全球經濟持續景氣，西德將擴大外銷。德國大部分企業家對於一九九○至九三年間在東德地區再創經濟奇蹟，亦深具信心。（*FAZ*, Oct. 2, 1991, Dohnanyi: 270）亞諾（Eckart Arnold）於一九九一年對德國經濟前景設想了兩種截然不同的情況：一種是西德大量貼補東德產業，後者耽於豐厚經援，不思奮力重整經濟體質，而長期吸收西德資金，使西德盡喪科技優勢及外銷競爭力，並因久久無法擺脫高通貨膨脹，而失去德國馬克在「經貨同盟」的領導地位。另一種情況是德國因東德地區產業的私有化及現代化而大蒙其利，整體生產力提升所獲的利益大大彌補增稅及失業率帶來的弊端，德國貨幣及外銷產品在「歐市」的優越地位鞏固不移，甚可囊括東歐市場。（Arnold: 467-9）德國經濟未來是興是衰，尚難預卜，因此，達南易（Klaus von Dohnanyi）曾稱：「德國統一是一場『豪賭』，我們（德人）當全力以赴，贏得這場『豪賭』。」（Dohnanyi: 326）

**【西部佬與東部佬】**

在「基本法」中，西德視一九三七年疆域內的德人（無論目前在東德，或是在東歐或蘇聯）爲西德國民，並爲東西德統一規劃可行之道（卽第六三條和第一四六條）。四十餘年來，西德執著統一目標，在統一的準備過程中投資無數的國家資源，得以維繫德意志國家意識於不墜。但一九八九年底，柯爾政府面對東德與日激增的難民潮及要求加速統一的聲浪，猶不免倉惶失措，游移未決，東德人民無畏於當權者可能採取的鎮壓手段，奮起要求民主自由，才是德國統一的大功臣。與其說是「西德統一東德」，毋寧說是「東德歸附西德」。

若謂統一是一場豪賭，統一最初十年所花費的重建經費兩兆馬克（平均每年兩千億馬克）就是賭注。西德政府過去平均每年以不同名義挹注東德四百億馬克（Dohnanyi: 256），表面上統一較分裂昂貴，但分裂時期的經援是無限期、無止境、無法掌握效益的；統一經費的運用卻是五年、十年後可以預見功效的。另外，分裂本身是民族的悲劇，雙方因分裂而在人力和物力上的犧牲浪費，因政治、軍事、外交的對立所造成的國力抵銷，以及親倫隔絕、民族分化的無形耗損，此種浩大的代價實難量化估算。

根據《明鏡週刊》(*Spiegel*) 在統一後一年所從事的一項民意調查顯示，多數的西德人覺得東德人「不獨立自主、善猜疑、思想僵化、土裏土氣、優柔寡斷」，且西德人擔心統一會使其生活品質降低；反之，絕大多數的東德人認爲西德人「自恃聰明、只知將東德地區視爲西德市場的延伸，不知與東德人均享福利」，且八成的東德人有二等公民的感覺。五一%的西德人覺得統一使其與東德人距離拉近了，五〇%的東德人卻覺得與西德人感到疏離多數的東西德人皆承認彼此有歧見，且認爲還需五至六年時間才能消除。(*Spiegel*, 30/1991)德國總統魏塞克在統一前曾喟歎：「在西德成日滿口統一大業，卻從未花心思瞭解東德人者，大有人在」(*Stern*, April 10, 1990)。東西德人多年來以「東部佬」("Ossis")和「西部佬」("Wessis")相稱，其中不乏貶抑之意。東德因社會封閉，生活上仍維持德國質樸保守的傳統，集體主義較明顯；西德戰後接受美國化甚深，開放自由，個人主義強烈。綜言之，「東部佬」重視社會資源的分配；「西部佬」著重社會財富的創造，「東部佬」硜硜自守，拘謹被動；「西部佬」獨立自主，勇於開創，加上意識型態、生活水準、地域環境的差異，歷經四十餘年的分裂，其間思想行為之隔閡在所難免，故彼此對統一後社會秩序遽變的感受及認知自有差別。

由《法蘭克福廣訊報》（*Frankfurter Allgemeine Zeitung*）在統一後近一年所做的一項民意調查結果得知：東德人重視「平等」；西德人強調「自由」，只有三二%的受訪東德人認為目前德國擁有「最佳的政體」，僅四六%的東德人對德國政府的施政表示滿意；反之，逾八成的受訪西德人認為德國政府是「最佳的政體」，並對其施政表示滿意。（*FAZ*, Sept. 30, 1991）無怪乎東德人在統一後，面對工廠倒閉、被迫失業、物價飛漲的種種生活威脅，再度走上街頭示威，抗議的布條由「再統一」（"Wieder-Vereinigung"）以一字之差改為「反統一」（"Wider-Vereinigung"）。魏塞克於德國統一後曾昭示(西)德人稱：「『分裂』（"Teilung"）只有用『分配』（"Teilen"）來消弭。」（*FAZ*, Oct. 2, 1991）東西德一貧一富，一方渴望「分配」，另一方唯恐「被分配」。根據《明鏡週刊》一項民意調查顯示，只有十二%的東德人覺得統一不利於己（四六%認為有利）；但卻有四分之一的西德人

覺得統一不利於己（二八％認爲有利）。(*Spiegel*, 47/1990)

**【德國的排外風潮】**

西德是西歐首富國家，向爲落後國家難民要求分配的對象。西德爲了回饋其他國家在第二次大戰期間接納數十萬名不堪納粹暴政統治的德國難民，特在「基本法」第十六條規定「受政治迫害者享有被庇護權」，爲至西德尋求政治庇護的外國人廣開方便之門。自七〇年代以後，與日俱增的外籍勞工（"Gastarbeiter", or guest workers）、東德移民（"Uebersiedler", or emigrants），以及來自東歐的德裔移民（"Aussiedler", or resettlers）至西德定居工作（按：這三種移民總數，單在一九八八年卽爲三十四萬餘人），成爲西德中下階層及非專業勞工的就業威脅。在經濟不景氣或工業轉型期間，外國移民每每成爲西德失業問題的代罪羔羊，更是激進份子仇恨報復的目標。

八〇年代初期在西德隨著仇外心理應運而生的極右派「共和人黨」（"Republikaner", or REPs）及「新納粹黨」（"Neo-Nazis"），雖未曾在聯邦國會占有任何席次，尙無力撼動德國現有「兩個半政黨」的局面，但若遇觸及敏感的政治事件，該二黨仍可藉題煽動羣眾，使主要政黨投鼠忌器，不敢輕忽其影響力。其中一例是「共和人黨」於一九八九年東德變局時，強烈要求西德政府堅持恢復一九三七年的德波邊界，柯爾固知此一要求在當時國際局勢下徒遭他國的反感，甚而影響德國統一的成敗，但又恐「共和人黨」藉此刺激國內右派的仇外情緒，削弱「基督聯盟」的選民勢力，致使「自民黨」倒戈至「社民黨」，牽動全局，因此柯爾一直延宕對保證德波邊界不變的明確承諾，令美英等國頗不諒解。柯爾的顧忌並非全無根據，在一九八九年西柏林地方選舉，「共和人黨」就以難民問題爲政治訴求，贏得七・五%的選票，取代「自民黨」進入市議會。

另外一例是德國統一後，外國難民趁西德邊境管制鬆懈而大量湧入，一九八八年至西德尋求政治庇護的難民計十萬人，一九八九及九○年分別增爲十二萬及十九萬人，一九九一年可望突破二○萬人。「基本法」第十六條使東歐、中東、非洲、中南半島等政情不安地區的移民趨之若鶩，隨著統一後社會秩序的紊亂，經濟情勢的惡化，「新納粹黨」的西德成員痛心外國難民破壞其生活品質，該黨的東德成員則怨恨外國難民搶走其工作機會，而對德境外國人從事暴戾的攻擊行動（一九九○年計四百餘起，一九九一年年底前已逾五百餘起）。因此，德國主要政黨對是否刪除「基本法」第十六條展開激烈的爭辯，執政的「基督聯盟」與「自民黨」意見相左，甚至魏塞克與柯爾之間亦有歧見。「新納粹黨」的排外暴行被德國新聞媒體評爲「德國之恥」，德國國會如刪除「基本法」第十六條，將間接鼓舞該黨排外風潮；如維持該條文，則無法遏止難民潮的湧入，勢必影響東德經濟重建的進度。

東西德人民間的隔閡未來是否造成分離主義的高漲，與德國極右派的排外運動是否演變爲類似第二次大戰期間反猶太人的風暴，迄今尚難逆料。統一後，東德的不滿情緒及挫折感較西德嚴重，在東德所發生攻擊外國人的事件亦較西德頻繁激烈，故德國潛在亂源的根除有賴東德經濟的及早復甦。倘使東德經濟低迷不振，或適逢世界經濟不景氣的衝擊，強調狹隘種族觀念的激進勢力可能抬頭，破壞德國「兩個半政黨」的平衡局面，改變其民主體質，「威瑪共和」之毀於經濟大蕭條及希特勒的趁機崛起，洵爲殷鑑。

**【德國人可怕嗎？】**

奧地利裔心理學家貝拉克（Leopold Bellak）於德國統一後所撰的〈我爲什麼怕德國人？〉專文中，引用他於一九七四年所做的抽樣調查，指出（西）德成人與其他西歐國家的成人相比，較常對其子女體罰。另外，（西）德兒童在玩「官兵捉強盜」的遊戲時，較他國兒童常做攻擊性的行動。因此，貝氏稱：「我不相信在攻擊性強烈的環境下成長的兒童，長大會變爲愛好和平及民主的人。」（*NYT*, April 25, 1990）法國小說家茅夏克（Francois Mauriac)亦曾說過名言：「我是如此熱愛德國，以致我希望它永遠分裂。」（I love Germany so dearly that I hope there will always be two of them.）對德國統一的不安並非外國人的專利，東德著名的劇作家柯哈瑟（Wolfgang Kohlhase）曾說：「今日的德國是隻沉睡

的狗，明天是隻會叫的狗，後天將是隻會咬人的狗。」(NYT, Dec. 10, 1989)

除了德國對外侵略的歷史紀錄，德國在統一後實力的激增也是令其鄰邦疑慮的原因。德國在西歐領土面積雖遜於法國和西班牙，但人口卻居西歐之冠（世界第十二位）。德國國民生產毛額居世界第三位（次於美日），出口値在全球名列前茅，爲法國（西歐第二大貿易國）的一倍。德國位處於「歐市」、「歐協」、「經互會」、北歐等經濟集團的中央位置，頗具優勢。德國軍事力量並不如一般傳言來得強大，就現役軍人總數（三十七萬人）而言，在西歐次於法國和義大利；就軍人在總人口的密度（一千人口有五個軍人）而言，則居西歐第四位（次於法、西、義），惟其稱霸的潛力仍不可輕忽。奧運成績代表國力的一部分，東西德於一九八八年奧運金牌總數（一四二面）勇冠全球，優於蘇聯（一三二面）與美國（九十四面）。(Langguth: 141, *Economist*, May 25, 1991, *Newsweek*, Feb. 26, 1990) 即便如此，德國人對鄰邦的疑慮深感不快，柴契爾夫人因於一九八九年表示反對東西德快速統一，而遭西德報刊抨擊。德人認爲此次統一並非依靠武力或秘密外交達致，而是以和平方式和多國性的外交談判完成的，其他歐洲國家理當衷心歡迎，而不應猜忌或阻撓。

德國無疑是一歐洲強權（great power），但非超級強權（superpower）：德國統一後雖增加五分之二的領土，但仍較「第二帝國」小三分之一。德國七千八百萬人口在「歐市」

固居首位，但僅占「歐市」的二三・二%，且六・四%的德國人口（約五百萬人）係來自義、希、南、西、土等國的外國移民。德國出口值約爲英法兩國出口之總合，但占「歐市」出口總額未足三分之一，其經貿和貨幣政策悉納入「歐市」監督之下，且西德三分之一的製造業所有權係屬於外國投資者（其中一半爲美國人），因此德國經濟的擴張是有其極限的。（*Spiegel*, 40/1990, Sommer: 40-1）

一九九一年元月波灣戰爭，西方盟國駐西德軍隊大量調往中東（美國原有三十二萬兵力減爲十萬之譜），「華約」於一九九一年三月底正式解散，東西德合併的武力人數之眾、武器之精良，在東西歐一支獨秀，令人側目。惟「基本法」規定德國在本土自衛的情況下或「北約」防衛範圍內始可動用武力（德國因此未克派兵參加一九九一年初的波灣戰爭），德國無核武，且其軍事調動亦受「北約」及「歐安會議」的監控，且蘇聯於一九九四年底才自東德撤軍，德國若欲以閃電戰術偷襲鄰邦，恐非易事。德國國防預算占國民生產毛額的比率於二十一世紀初可望降至〇・九%，爲世界主要國家最低者（Chalmers: 171），此外，從德人普遍反對其政府軍事介入波灣戰爭的心理觀之，在可預期的將來，德國對外啟釁的可能性是微乎其微。

統一後的德國在歐洲的地位舉足輕重，已超越其以往「經濟巨人，政治侏儒」的角色，已成為美國「共治天下的盟邦」，重要性凌駕英法之上。柯爾政府一再強調德國所追求的是「歐洲化的德國」（Europeanized Germany），而不是「德國化的歐洲」（Germanized Europe）。然而，德國在統一前，未經與西方盟邦磋商，逕自與蘇聯簽訂互不侵犯條約，並大量經援蘇聯（按：德國於一九八九至九一年間，以不同名義贈款蘇聯六四〇億馬克，*Spiegel*, 40/1991）；統一後的一年間，以憲法限制為名拒絕加入波灣戰爭、率先承認波羅的海三小國、積極支持力圖脫離南斯拉夫的克羅埃西亞（Croatia）及斯洛維尼亞(Slovenia)，凡此種種令其他歐洲國家警覺，德國再也不若往昔謙遜自持，而變得自信十足、率性行事，且德國在東南歐日漸活躍的外交活動令人懷疑，其對「歐市」的統合理想是否不再熱衷，而其十九世紀的「中歐政策」殘夢是否仍陰魂不散。（*Economist*, Sept. 14, 1991）

季辛吉於東西德行將統一之際曾謂：「我不相信德人仍嗜戰，迷戀軍國主義，這些都是過去的事了。但德國日後的外交政策應求沉穩，切勿投機躁進。德國擁有近八千萬人口，又居歐洲心臟地帶，其外交政策禁不起再犯大錯。」（*Die Welt*, Nov. 30, 1989）歐美各國深知當前「德國問題」的危險性在於「歐洲德國化」的速度超越「德國歐洲化」的速度，刻正期許德國隨其實力的增長，多承擔維護國際秩序的責任，將其外交政策融入多國性體系中，因勢利導。

**【巴黎協定與歐洲經濟區】**

「歐安會議」三十四國（東西德合而爲一）於一九九〇年十一月在巴黎舉行高峰會議，該會議正式宣布東西冷戰結束、在捷克布拉格成立秘書處（爲「歐安會議」第一個常設組織）、在奧京維也納成立「防制衝突中心」（Center for the Prevention of Conflict）。同時，「北約」及「華約」二十二國簽署「歐洲傳統武力裁減條約」（CAFE Treaty），將東西歐（包括歐俄）依戰略重要性分爲四區，規定各區重型武器的數量，以降低突發戰事的可能性，並限制各簽約國在各區部署重型武器的數量上限（sufficiency limit），以防範任何一國稱霸，所有多餘的武器於四〇個月內剋期銷燬，且各簽約國特定的軍事基地和武器存量得公開接受檢查。（見表十八和圖十二）

盱衡近代史，歐洲秩序實由「權力平衡」和「集體安全」交替互換，賴以維繫。「權力平衡」係強國對強國、集團對集團（one on one）；「集體安全」則係所有國家對其中一個可能的侵略者（all against one）。「權力平衡」最大的缺失乃軍事集團對峙、容易提升敵意；「集體安全」成敗的關鍵則在大國支持的誠意、集體規範的約束力，和懲戒侵略的決心。冷戰期間，「北約」和「華約」對峙固數度造成戰爭危機，然多賴核武的「恐怖平衡」（balance of terror），兩軍事集團自我克制，才未釀成災難。冷戰結束，意識型態的藩籬

【表十八】「歐洲傳統武力裁減條約」重型武器數量限定表

| | 北約此前擁有數量 | 華約此前擁有數量 | 蘇聯此前擁有數量 | 每一集團擁有數量的上限 | 各國擁有數量的上限 |
|---|---|---|---|---|---|
| 坦克 | 二六、六五〇 | 三三、二〇〇 | 二〇、七〇〇 | 二〇、〇〇〇 | 一三、三〇〇 |
| 大炮 | 二一、二〇〇 | 二六、九五〇 | 一三、八五〇 | 二〇、〇〇〇 | 一三、七〇〇 |
| 裝甲車 | 三四、五〇〇 | 四二、九五〇 | 二九、三五〇 | 三〇、〇〇〇 | 二〇、〇〇〇 |
| 直升機 | 一、六三〇 | 一、八〇〇 | 一、三五〇 | 二、〇〇〇 | 一、五〇〇 |
| 戰機 | 六、一〇〇 | 八、三五〇 | 六、四五〇 | 六、八〇〇 | 五、一八六 |

資料來源：*Economist*, Nov. 24, 1990

爲民主精神及市場經濟原則所突破，「華約」解散，蘇聯已非歐洲明顯立即的威脅，東西歐關係由競爭轉爲合作，對抗轉爲妥協，歐洲得以恢復傳統協盟精神。

就其劃時代的意義，「歐安會議」的一九七五年「赫爾辛基協定」猶如一八一五年「維

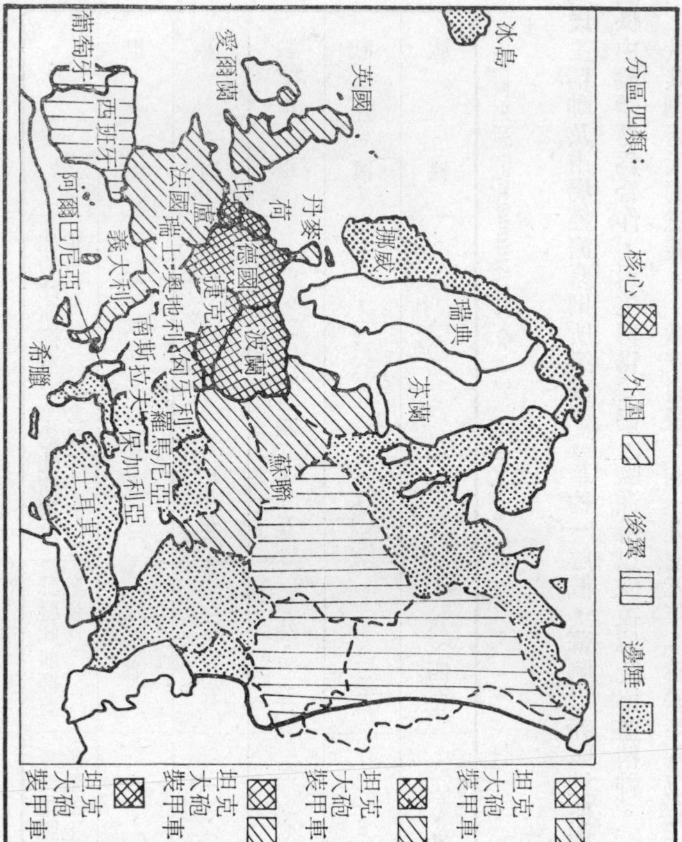


圖十二 歐安會議巴黎協定分區武器數量上限圖

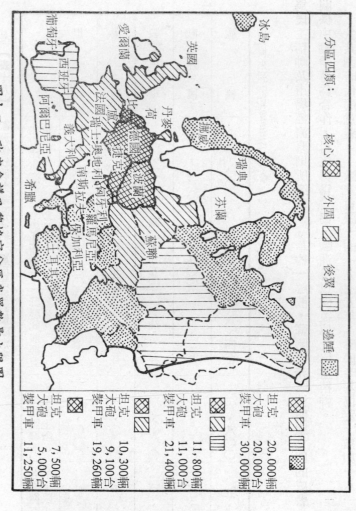

也納會議」，象徵歐洲秩序的重建；一九九〇年「巴黎協定」則猶如一八一八年「歐洲協盟」，進一步確立泛歐的集體安全精神。與歐洲近代第一個集體安全的正式機構「國聯」相較，「歐安會議」具備維持歐洲秩序更有利的條件：㈠美蘇均參加，㈡有「北約」武力爲後盾，㈢有「赫爾辛基協定」奠立集體規範，㈣有「巴黎協定」約制軍事競賽。「歐安會議」的發展規模建立於「北約」和「歐洲聯盟」的軍事合作；「歐市」、「歐協」和「經互會」的經濟合作；「歐洲合眾國」和「歐洲共同之家」的統合理想之上，這些優越的合作條件皆非世界其他區域性組織所能望其項背。

西歐主要國家現仍對一九九二年單一市場形成後的統合問題存有歧見：關於「經貨同盟」的進度，德國認爲不宜操之過急，法國主張儘速完成，英國根本反對此一構想；關於「歐市」接納新成員國問題，英國贊成吸收急於加入的歐洲中立國和東歐國家（即「拓寬整合論」），法國主張先健全現有組織和法令（即「加深整合論」），德國則認爲「拓寬」和「加深」應同時並進；有關外交及安全政策方面，德法贊成「歐市」採行共同外交政策和建立聯合部隊，英國則不表熱衷；法國主張強化「歐洲聯盟」的功能以取代「北約」，英國卻不願見「北約」的功能消退而損及英美在歐陸之影響力，德國則傾向加強「歐安會議」的功能。

德國統一後，歐洲統合有「拓寬」加速之勢。「歐市」其他國家期望以接納「歐協」（三千三百萬人口）為新成員國，德國亦盼「歐市」與「經互會」舊有成員國（三億五千萬人口）建立更密切關係，以深植其市場經濟及民主政治的根基，避免東歐成為戰亂的淵藪。一九九一年十月「歐市」和「歐協」簽署協議，共組「歐洲經濟區」（European Economic Area）。該經濟區的十九個成員國共計三億六千萬人口，將在「歐市」單一市場形成後一年（一九九三年）起，共同實施人民、貨物、資金、勞務的自由流通，成為全球最大的共同市場。「歐市」和「歐協」的國民生產毛額總合目前占全球的四〇%，兩者統合後可望提升五%以上。（*IHT*, Oct. 23; Oct. 24, 1991）

「歐洲經濟區」之成立為「歐市」拓寬的一大步，東歐經濟情況較佳的波蘭、捷克和匈牙利正積極爭取加入「歐市」，倘使此一統合大業順利完成，其涵蓋的區域將較西元八〇〇年所建立的「查理曼帝國」（Empire of Charlemagne）時的版圖還遼闊。然而，「拓寬」與「加深」進度相捋，且「歐市」的「加深」已因德國資源刻正移至國內而明顯趨緩。一九九一年的波灣戰爭與南斯拉夫內戰，「歐政組織」未能排解成員國之歧見，集體出兵弭亂，足徵「歐市」在外交和安全政策上的合作關係，並未因一九九二年單一市場行將形成，而有突破性的進展。

根據整合不同的程度，現今歐洲分爲三個統合的階層：核心階層是組織法令規章最嚴密的「歐市」，以聯邦體制爲目標；中間階層是「歐洲經濟區」，以邦聯體制爲目標；外圍階層是「歐安會議」，爲東西歐共同參與，兼及政、經、軍方面事務的組織，係以歐洲文明爲共同基礎的「白人團結」，該會議爲現代歐洲協盟精神的表徵，亦二十一世紀歐洲秩序之所繫。

冷戰浪潮退盡，歐洲歷史的本質自海底浮現出來：美蘇在歐洲事務不再扮演首要的角色，德法重新主導歐洲政治的走向，英國仍維持與歐陸若即若離的姿態。歐洲的權力平衡和協盟精神從美蘇核武的「恐怖平衡」復甦，成爲歐洲秩序的循環規律，權力均衡與外交協調依舊是歐洲國家追求和平的不二法門。在東西歐之間，德國已恢復俾斯麥在「柏林會議」時期「誠實掮客」的地位，擔任西方國家與蘇聯間的溝通橋樑，並大力協助推動東歐改革。

德國首相柯爾及外長根舍積極鞏固「歐安會議」的功能，信誓旦旦的稱「歐洲是每一個德國人的未來」；「社民黨」副主席拉方坦（Oskar Lafontaine）呼籲在「歐洲合眾國」成立之前，德國人民應認爲現狀只是過渡階段（Lafontaine: 22）；多數德人視中立的瑞士爲未來德國的典範（*IHT*, March 29, 1991）。其他歐人對統一後的德國深感戒懼，德國人對恪守「德國已飽和了」的諾言何嘗不誠惶誠恐？

德國較其他國家對歐洲秩序承擔更重大的責任及歷史包袱，其如何運用四十餘年來所經歷的民主政治、國家分裂的教訓，以及區域性組織內的互動經驗，來超越歷史宿命及地緣格局，將是一項艱鉅的工程，爲世人所矚目關注。一百二十年前俾斯麥在「第二帝國」肇建之初稱：「德國的外交基本政策在於建立一個容忍德國存在的歐洲秩序。」此一古訓對當今德國主政者自當有深沉的啟示。

# 後記

本書撰寫時間一年有餘，其間承蒙下列人士（機構）協助，方告完成，謹此致意：

首先感謝行政院新聞局歷屆長官培育的心意，感謝 Dr. Hermann Halbeisen (Ruhr-University Bochum), Mr. Uli Franz, Dr. Anton Gaelli (Institut fuer Wirtschaftsforschung, Muenchen), Mrs. Doris Goetting (Deutsche Welle), German Information Center (New York)，孫超良先生、宋燕燕小姐、范文先生等人熱心提供新近資料，並承葛可棟先生和陳樂羣小姐悉心校閱文稿，黃俊泰先生協助製作插圖，感謝三民書局編輯部黃主任國鐘的肯定，允予出版。最後，家父母的劬育之恩，以及妻子婉如的支持與鼓勵，在此一併誌謝。

本書力求嚴謹信實，如有錯誤或偏失之處，敬請批評指教。

# 參考書目

ADOMEIT, Hannes, "Gorbachev and German Unification: Revision of Thinking, Realignment of Power", *Problems of Communism*, July-August 1990, 1-23.

ALBRECHT-CARRIE, Rene, *A Diplomatic History of Europe: Since the Congress of Vienna* (London: Harper & Row, 1973).

ANDRIANOPOULOS, Argyris G., *Western Europe in Kissinger's Global Strategy* (New York: St. Martin, 1988).

ASMUS, Ronald, "The GDR and the German Nation: Sole Heir or Socialist Sibling?" *International Affairs*, Vol. 60, No. 3, Summer 1984, 403-18.

ASPATURIAN, Vernon V., "Soviet Foreign Policy" in FOREIGN POLICY IN WORLD POLITICS, ed. Roy C. Macridis (Englewood Cliffs: Prentice Hall,

1989).

*ATLAS* (London: Economist Books, 1989).

BAGDASARIAN, Nicholas Der, *The Austro-German Rapprochement, 1870-1879* (New Jersey: Cranbury, 1976).

BALFOUR, Michael, "Another Look at Unconditional Surrender", *International Affairs*, Vol. 46, 1970, 719-36.

BARK, Dennis & GRESS, David, *A History of West Germany: From Shadow to Substance, 1945-1963* Vol. 1 (Cambridge: Basil Blackwell, 1989).

——, *A History of West Germany: Democracy and Its Discontents, 1963-1988* Vol. 2 (Cambridge: Basil Blackwell, 1989).

BELL, P. M. H., *The Origins of the Second World War in Europe* (London: Longman, 1986).

BERGHAHN, V. R., *Modern Germany: Society, Economy and Politics in the Twentieth Century* (New York: Cambridge, 1982).

BFIB (Bundesminister fuer Innerdeutsche Beziehungen), "*Auskuenfte zur Deutsch-*

*landpolitik A-Z*" (Bonn: BFIB, 1988).

BOURNAZEL, Renata Fritsch-, "The French View" in GERMANY BETWEEN EAST AND WEST, ed. Edwina Moreton (New York: Cambridge University, 1987).

——, *Confronting the German Question: Germans on the East-West Divide* (New York: St. Martin's, 1988).

BRANDENBURG, Erich, "Conclusion: The Causes of the War" in THE OUTBREAK OF THE FIRST WORLD WAR: WHO WAS RESPONSIBLE? ed. Dwight E. Lee (Boston: D.C. Health, 1958).

BRANDT, Willy, *People and Politics: The Years 1960-1975* (Boston: Little, 1976).

BRAUN, Hans-Joachim, *The German Economy in the Twentieth Century: The German Reich and the Federal Republic* (London: Routledge, 1990).

BRETTON, Henry, *Stresemann and the Revision of Versailles: A Flight for Reason* (London: Oxford, 1953).

BRIDGE, F. R. & BULLEN, Roger, *The Great Powers and the European States System, 1815-1914* (London: Longman, 1980).

BUELOW, Andreas von, "Defensive Entanglement: An Alternative Strategy for NATO" in THE CONVENTIONAL DEFENSE OF EUROPE, ed. Andrew J. Pierre (New York: New York University, 1986).

BULMER, Simon & PATERSON, William, *The Federal Republic of Germany and the European Community* (London: Allen & Unwin, 1987).

——, "West Germany's Role in Europe: Man-Mountain or Semi-Gulliver", *Journal of Common Market Studies*, Vol. XXVIII, No. 2, December 1989, 95-117.

BULL, Hedley, *The Anarchical Society: A Study of Order in World Politics* (New York: Columbia, 1977).

*BUSINESS WEEK*, "One Germany: The Whole European Equation Has Changed", April 2, 1990, 45-54.

CALLEO, David, *The Atlantic Fantasy: The US, NATO, and Europe* (Baltimore: Johns Hopkins, 1970).

——, *The German Problem Reconsidered: Germany and the World Order, 1870 to the Present* (New York: Cambridge, 1978).

——, "Early American Views of NATO: Then and Now" in THE TROUBLED ALLIANCE: ATLANTIC RELATIONS IN THE 1980s (New York: St. Martin, 1983).

——, *Beyond American Hegemony: The Future of the Western Alliance* (New York: Basic, 1987).

CALVOCORESSI, Peter, *World Politics Since 1945* (New York: Longman, 1987).

CAMPBELL, Edwina S., *Germany's & Europe's Future—The Challenges of West German Foreign Policy* (Washington D. C.: Pergamon-Brassey's, 1989).

CANDY, Steven L., "NATO Muscle: More Shadow Than Substance", *Foreign Policy*, No. 8, 1972, 38-49.

CARR, William, *A History of Germany, 1815-1945* (New York: St. Martin's, 1969).

CEC (Commission of the European Communities), *Eurobarometer: Public Opinion in the E.C.*, March 1987.

——, *Jean Monnet: A Grand Design for Europe*, July 1988.

CHALMERS, Malcolm, "An Unstable Triumvirate? European Security Structures After the Cold War", *Current Research on Peace & Violence*, Vol. XIII, No. 3, 1990/91, 155-74.

CHILDS, David, *The GDR: Moscow's German Ally* (London: Unwin Hyman, 1988).

CHURCHILL, Winston S., *The Second World War*, Vol. 6, *Triumph and Tragedy* (Boston: Houghton Mifflin, 1953).

CLARK, Ian, *The Hierarchy of States* (New York: Cambridge, 1989).

CLAUDE, Inis L., Jr., "The Balance of Power Revisited", *Review of International Studies*, Vol. 15, No. 2, April 1989, 77-86.

COHEN, Eliot, "Do We Still Need Europe", *Commentary*, January 1986, 28-35.

CONRADT, David P., "West Germany: A Remade Political Culture? Some Evidence from Survey Archives", *Comparative Political Studies*, Vol. 7, No.

2, July 1974, 222-38.

——, *The German Polity* (New York: Longman, 1987).

——, "Changing German Political Culture" in THE CIVIC CULTURE REVISITED, ed. Gabriel A. Almond & Sidney Verba (London: Sage, 1989).

COOLIDGE, Archibald C., *Origins of the Triple Alliance* (New York: Charles Scribner's Sons, 1917).

CORBETT, James A., "France and Germany Agree on the Past", *Historical Bulletin*, XXVIII, March 1955, 158-62.

CZEMPIEL, Ernst-Otto, "The Atlantic Community, Europe, Germany: Options, Objectives, or Contexts of German Foreign Policy?" in WEST GERMANY: A EUROPEAN AND GLOBAL POWER, ed. Wilfried Kohl & Giorgio Basevi (Lexington: Lexington, 1979).

DAHRENDORF, Ralf, *Society and Democracy in Germany* ( London: Weidenfeld & Nicolson, 1969).

DALTON, Russell J., *Politics in West Germany* (Boston: Scott-Foresman, 1989).

DAWISHA, Karen, *Eastern Europe, Gorbachev and Reform: The Great Challenge* (New York: Cambridge, 1988).

DEAN, Jonathan, *Watershed in Europe: Dismantling the East-West Military Confrontation* (Lexington: Lexington, 1987).

DEHIO, Ludwig, *The Precarious Balance* (New York: Alfred A. Knopf, 1962).

DEIBEL, Terry, "Alliance for Containment" in CONTAINING THE SOVIET UNION, ed. Terry Deibel & John L. Graddis (Washington D. C.: Pergamon-Brassey's, 1987).

DEPORT, A. W., *Europe between the Superpowers: The Enduring Balance* (New Haven: Yale, 1986).

DERBYSHIRE, Ian, *Politics in West Germany: From Schmidt to Kohl* (Cambridge: W & R Chambers, 1987).

DOENHOFF, Marion Graefin, *Von Gestern nach Uebermorgen* (Hamburg: dtv, 1984).

DOHNANYI, Klaus von, *Das deutsche Wagnis* (Muenchen: Knaur, 1991).

DYSON, Kenneth, "The Conference on Security and Cooperation in Europe: Europe before and after the Helsinki Final Act" in EUROPEAN DETENTE, ed. Kenneth Dyson (New York: St. Martin's, 1985).

*ECONOMIST*, *The*, "And So to Moscow", October 22, 1988, 53.

——, "Europe's Rhetoric and Reality", September 23, 1989, 64.

——, "A Survey of West Germany", October 28, 1989, 1-30.

——, "A Survey of the New Germany", June 30, 1990, 1-22.

——, "It's Cold in Cloud-Cuckoo-Land", November 10, 1990, 51.

——, "The Balance of European Power", March 30, 1991, 48.

——, "Dressed Up, But Not Ready to Go", May 25, 1991, 62.

——, "Should Germany Cheer?" September 14, 1991, 62.

——, "OOVer and Out", November 24, 1990, 52.

ELEY, Geoff, *From Unification to Nazism: Reinterpreting the German Past* (Boston: Allen & Unwin, 1986).

ELLWEIN, Thomas, "*Das Regierungssystem der Bundesrepublik Deutschland*"

(Opladen; Westdeutsche, 1973).

EUROSTAT, *Basic Statistics of the Community* (Brussels: EC, 1989).

FAY, Sidney B., *Before Sarajevo—The Origins of the World War* (New York: Free, 1960).

*FAZ* (*Frankfurter Allgemeine Zeifung*), "Arbeitslosenzahl sinkt auch in Ostdeuschland", September 5, 1991.

——, "Der Einigungsprozess wirft einen langen Schatten", September 11, 1991.

——, "Die Vorzuege der Freiheit stehen noch nicht im Mittelpunkt", September 30, 1991.

——, "Ein Jahr danach", October 2, 1991.

FELD, Werner J., "The Role of the Federal Republic of Germany in NATO" in THE FEDERAL REPUBLIC OF GERMANY AT FORTY, ed. Peter H. Merkl (New York: New York University, 1989).

FEY, Eric G., *Division and Detente: Thc Germanies and Their Alliances* (New York: Praeger, 1987).

FISCHER, Fritz, *Germany's Aims in the First World War* (London, 1967).

——, *World Power or Decline?* (New York: W. W. Borton, 1974).

FRANKLIN, William, "The Origins of the Locarno Conference" (Unpublished Doctorate Dissertation), Fletcher School of Law and Diplomacy, April 1941.

GABRIEL, Almond & VERBA, Sidney, *The Civic Culture* (Princeton: Princeton University, 1985).

GADDIS, John Lewis, *Strategies of Containment*: *A Critical Appraisal of Postwar American National Security Policy* (Oxford: Oxford, 1982).

GEISS, Imanuel, *German Foreign Policy, 1971-1914* (Boston: Routledge & Kegan Paul, 1976).

——, "German Ostpolotik and the Polish Question", *East European Quarterly*, XIX, No. 2, June 1985, 201-18.

——, "The Weimar Republic between the Second and the Third Reich: Continuity and Discontinuity in the German Question, 1919-33" in THE BURDEN OF GERMAN HISTORY 1919-45, ed. Michael Laffan (London: Methuen,

1988).

GELLMAN, Peter, "The Elusive Explanation: Balance of Power Theory and the Origins of World War I", *Review of International Studies*, Vol. 15, No. 2, April 1989, 155-182.

GERBET, Pierre, "The Origins: Early Attempts and the Emergence of the Six (1945-52)" in THE DYNAMICS OF EUROPEAN UNION, ed. Roy Pryce, (London: Croom Helm, 1987).

GILLIS, John R., "Germany" in CRISES OF POLITICAL DEVELOPMENT IN EUROPE AND THE UNITED STATES, ed. Raymond Grew (Princeton: Princeton, 1978).

GINSBERG, Roy H., "US-EC Relations" in THE EUROPEAN COMMUNITY AND THE CHALLENGE OF THE FUTURE, ed. Juliet Lodge (London: Pinter, 1989).

GRAY, Colin S., *The Geopolitics of Superpower* ( Kentucky: Kentucky University, 1988).

GREENWOOD, David, "Challenges and Opportunities" in NATO IN THE 1990s, ed. Stanley Sloan (Washington D.C.: Pergamon-Brassey's, 1989).

GREIFFENHAGEN, M. & GREIFFENHAGEN, S. "*Ein schwieriges Vaterland: zur politischen Kultur Deutschlands*" (Muenchen: List, 1979).

GREW, Raymond, "The Crises and Their Sequences" in CRISES OF POLITICAL DEVELOPMENT IN EUROPE AND THE UNITED STATES, ed. Raymond Grew (Princeton: Princeton, 1978).

GRIFFITH, William E., *The Ostpolitik of the Federal Republic of Germany* (Cambridge: MIT, 1978).

——, "Central and Eastern Europe: The Global Context" in CENTRAL AND EASTERN EUROPE: THE OPENING CURTAIN? ed. William E. Griffith (London: Westview, 1989).

GROSSER, Alfred, "*Das Deutschland im Westen—Eine Bilanz nach 40 Jahren*" (Muenchen: Carl Hanser, 1985).

GULLICK, Edward Vose, *Europe's Balance of Power* ( New York: W.W.

Norton, 1955).

HAETTICH, Manfred, "Nationalbewusstsein im geteilten Deutschland" in DIE IDENTITAET DER DEUTSCHEN (Bonn: Bundeszentral fuer politische Bildung, 1983).

HAFTENDORN, Helga, *Security and Detente: Conflicting Priorities in German Foreign Policy* (New York: Praeger, 1985).

HAHN, Walter F., "West Germany's Ostpolitik: The Grand Design of Egon Bahr", *Orbis*, Winter 1973, 859-80.

HAMPSON, Osler, "Groping for Technical Panacas: The European Convention Balance and Nuclear Stability", *International Security*, Vol. 8, No. 3, Winter 1983/84, 57-82.

HANRIEDER, Wolfram, *Germany, America, Europe: Forty Years of German Foreign Policy* (New Haven: Yale, 1989).

HARDACH, Karl, "Germany under Western Occupation" in CONTEMPORARY GERMANY: POLITICS & CULTURE, ed. Charles Burdick, Hans-Adolf

Jacobsen, and Winfried Kudszus (Boulder: Westview, 1984).

HASS, Ernst, *The Uniting of Europe: Poltical, Social and Economic Forces, 1950-1957* (Standford: S. U., 1958).

HERSPRING, Dale, R., "The Soviets, the Warsaw Pact, and the Eastern European Militaries" in CENTRAL AND EASTERN EUROPE: THE OPENING CURTAIN? ed. William E. Griffith (London: Westview, 1989).

HESSE, Joachim Jens, "The Federal Republic of Germany: From Cooperative Federalism to Joint Policy-Making", *West European Politics*, Vol. 10, No. 4, Oct. 1987, 70-87.

HILDEBRAND, Klaus, *German Foreign Policy from Bismarck to Adenauer: The Limits of Statecraft* (London: Unwin Hyman, 1989).

HILLGRUBER, Andreas, *Germany and the Two World Wars* ( Cambridge: Harvard, 1981).

——, *Deutsche Geschichte 1945-1986: die deutsche Frage in der Weltpolitik* (Stuttgart: W. Kohlhammer, 1983).

HOLBORN, Hajo, *The Poltical Collapse of Europe* (New York: Alfred A. Knopf, 1979).

HOWORTH, Jolyon, "The Third Way", *Foreign Policy*, No. 65, Winter 1986-87, 114-134.

*IHT* (*International Herald Tribune*), "Reunification Leads to Drop in German Surplus", February 2, 1991.

——, "Bonn Must Do More in This New World", March 29, 1991.

——, "EC Says German Deficit Poses Economic Threat to the Entire Community", July 10, 1991.

——, "19 Nations in Europe Set to Form Trade Bloc", October 23, 1991.

——, "A Bigger Europe: Good for Business", October 24, 1991.

JACOBSEN, Hans-Adolf, "Deutsche Ostpolitik nach 1966" in DEUTSCHLAND: DIE GETEILTE NATION, ed. Ministerium fuer Kultus und Sport Baden-Wuerttemberg (Heidelberg: R. v. Decker's, 1983).

——, "The Division of Germany" in CONTEMPORARY GERMANY: POLITICS

& *CULTURE*, ed. Charles Burdick, Hans-Adolf Jacobsen, Winfried Kudszus (Boulder: Westview, 1984).

JAMES, Harold, *A German Identity, 1770-1990* (New York: Routledge, 1989).

JASPERS, Karl, *Wohin treibt die Bundesrepublik? Tatsachen, Gefahren, Chancen* (Muenchen, 1966).

JAY, Peter, "Europe's Ostrich and America's Eagle", *The Economist*, March 8, 1980, 19-29.

JOFFE, Josef, *The Limited Partnership: Europe, the United States, and the Burdens of Alliance* (Cambridge: Balliger, 1987).

——, "The Revisionists: Moscow, Bonn, and the European Balance", *The National Interest*, Fall 1989, 41-54.

JOHNSON, Nevil, "The Interdependence of Law and Politics: Judges and the Constitution in Western Germany", *West European Politics*, Vol. 5, No. 3, July 1982, 236-49.

——, *State And Government in the Federal Republic of Germany: The Executive at Work* (New York: Pergamon, 1983).

*JOM* (*Jahrbuch der oeffentlichen, Meinung*) ed. Elisabeth Noelle and Erich P. Neumann (Allenbach: Verlag fuer Demoskopie, 1967 and 1974).

KALBERG, Stephen, "A National Political Identity Crisis in the Federal Republic of Germany", *German Politics and Society*, January 1987, 3-8.

——, "The Federal Republic at Forty: A Burdened Democracy?" *German Politics and Society*, 16, Spring 1989, 33-40.

KAPLAN, Lawrence S., *NATO and the United States: The Enduring Alliance* (Boston: Twayne, 1988).

KASER, Michael, "The Economic Dimension" in GERMANY BETWEEN EAST *AND WEST*, ed. Edwina Moreton (New York: Cambridge University, 1987).

KATZENSTEIN, Peter J., *Policy and Politics in West Germany: The Growth of a Semisovereign State* (Philadelphia: Temple, 1987).

KAUFMANN, William W., "Nonnuclear Deterrence" in ALLIANCE SECURITY:

NATO AND THE NO-FIRST-USE QUESTION, ed. John D. Steinbruner & Leon V. Sigal (Washington D.C.: Brookings, 1983).

KEEFE, Eugene K. (ed.), *East Germany: A Country Study* (Washington, D. C. : U. S. Government Printing Office, 1982).

KENNAN, George F., *Russia and the West* (Boston: Mentor, 1960).

KEYNES, John Maynard, *The Economic Consequences of the Peace* ( New York: Harcourt, Brace & Howe, 1920).

KIMBALL, John C., *Europe and North America* ( New York: Foreign Policy Association, 1987).

KIRCHNER, Emil, "The Federal Republic of Germany in the European Community" in THE FEDERAL REPUBLIC OF GERMANY AT FORTY, ed. Peter H. Merkl (New York: New York University, 1989).

KLEIN, Friedrich, "Juristischer Deutschlandbegriff und Vier-Maechte-Verantwortung" in DEUTSCHLAND: DIE GETEILTE NATION, ed. Ministerium fuer Kultus und Sport Baden-Wuerttemberg (Heidelberg: R. v. Decker's, 1983).

KORBEL, Josef, "West Germany's Ostpolitik: I, Intra-Gereman Relations" in *Orbis*, Winter 1970.

KOSTHORST, Erich, "Die Frage der deutschen Einheit im Spannungsfeld politischer Optionen und historischer Traditionen" in EINHEIT-FREIHEIT-SELBST BESTI MMUNG, ed. Karl-Ernst Jeismann (Bonn: Bundeszentrale fuer politische Bildung, 1987).

KRIEGER, Wolfgang, "Worrying about West German Democracy", *Political Quarterly*, Vol. 50, No. 2, April-June 1979, 192-204.

KRISCH, Henry, *The German Democartic Republic: The Search For Identity* (London: Westview, 1985).

LAFEBER, Walter, *America, Russia, and the Cold War, 1945-1984* (New York: Alfred A. Knopf, 1985).

LAFONTAINE, Oskar, *Probleme und Perspektiven der Deutschlandpolitik* (Bonn: Friedrich-Ebert-Stiftung, 1990).

LANGGUTH, Gerd, *The Green Factor in German Politics: From Protest*

*Movement to Political Party* (Boulder; Westview, 1984).

LAQUEUR, Walter, *Russia & Germany: A Century of Conflict* ( New Brunswick: Transaction, 1990).

LARRABEE, F. Stephen, "The View from Moscow" in THE TWO GERMAN STATES AND EUROPEAN SECURITY, ed. F. Stephen Larrabee (New York: St. Martin's, 1989).

LAYNE, Christopher, "Atlanticism without NATO" in WORLD POLITICS DEBATED: A READER IN CONTEMPORARY ISSUES, ed. Herbert M. Levine (New York: McGraw-Hill, 1989).

LEBOW, Richard N., "The Soviet Offensive in Europe: The Schlieffen Plan Revisited?" *International Security*, Vol. 9, No. 4, Spring 1985, 44-78.

LEICK, Romain, "Germany: The European Egotist", *European Affairs*, No. 1, 1987, 55-61.

LEPTIN, Gert, "Economic Relations Between the Two German States" in THE TWO GERMAN STATES AND EUROPEAN SECURITY, ed. F. Stephen

Larrabee (New York: St. Martin's, 1989).

LIEBER, Robert, *No Common Power: Understanding International Relations* (Boston: Scott-Foresman, 1988).

LITTLE, Richard, "Reconstructing the Balance of Power: Two Traditions of Thought", *Review of International Studies*, Vol. 15, No. 2, April 1989, 87-100.

LOEWENTHAL, Richard, "The German Quesion Transformed", *Foreign Affairs*, Winter 1984/1985, 303-15.

MAIER, Harry, "The German Question and Perestroika", *European Affairs*, Summer, 1989, 11-19.

MANN, Golo, "The Second German Empire: the Reich that Never Was" in UPHEAVAL AND CONTINUITY: A CENTURY OF GERMAN HISTORY, ed. E. J. Feuchtwanger (Pittsburgh: Pittsburgh, 1974).

MARER, Paul, "The Economies and Trade of Eastern Europe" in CENTRAL AND EASTERN EUROPE: THE OPENING CURTAIN? ed. William E. Griffith

(London: Westview, 1989).

MARESCA, John J., *To Helsinki: The Conference on Security and Cooperation in Europe, 1973-1975* (Duke University, 1985).

MARKS, Sally, *The Illusion of Peace* (New York: St. Martin's, 1976).

MARSHALL Lee M. & MICHALKA Wolfgang, *German Foreign Policy, 1917-1933: Continuity or Break?* (New York: St. Martin's, 1987).

MARTIN, Ernst, *Zwischenbilanz: Deutschlandpolitik der 80er Jahre* (Bonn: Aktuell, 1986).

MAX, Jansen & DE VREL, Johan K., *The Ordeal of Unity: The Politics of European Integration* (Bildhoven: Prime, 1985).

McCAIN, Morris, *Understanding Arms Control: The Options* ( New York: W. W. Norton, 1989).

MEARSHEIMER, John J., "Why the Soviets Can't Win Quickly in Central Europe", *International Security*, Vol. 7, No. 1, Summer 1982, 3-39.

MEYER, Henry Cord, *Mitteleuropa in German Thought And Action, 1815-*

*1945* (The Hague: Martinus Nijhoff, 1965).

MORETON, Edwina, "The German Question in the 1980s" in GERMANY BETWEEN EAST AND WEST, ed. Edwina Moreton (New York: Cambridge University, 1987), 3-20.

MORGAN, Roger, *The United States and West Germany* ( London: Oxford University, 1974).

MUENCH, Ingo von, *Dokumente des geteilten Deutschland*, 2 Vols. (Stuttgart: Alfred Kroener, 1976).

MUSHABEN, Joyce Marie, "A Search for Identity: The German Question in Atlantic Alliance", *World Politics*, Vol. XL, No. 3, April 1988, 395-417.

NAWROCKI, Joachim, *Die Beziehungen zwischen den beiden Staaten in Deutschland* (West Berlin: Gebr. Holzapfel, 1986).

*NYT* (*The New York Times*), "Why I fear the Germans?" April 25, 1989.

——, "As Usual, Germans Can't Agree on What is German", December 10, 1989.

——, "Surrealpolitik", March 28, 1991.

*NEWSWEEK*, "Anything to Fear?" March 26, 1990, 32-47.

——, "Wirtschaftswunder II?" October 7, 1991, 38-9.

NITZ, Juergen, "GDR-FRG Economic Relations: Determinants, Trends and Problems" in THE TWO GERMAN STATES AND EUROPEAN SECURITY, ed. F. Stephen Larrabee (New York: St. Martin's, 1989).

OSGOOD, Robert E., *NATO: The Entangling Alliance* (Chicago: Chicago University, 1966).

PADGETT, Stephen & BURKETT, Tony, *Political Parties and Elections in West Germany—The Search for a New Stability* (New York: St. Martin's, 1986).

PAINTER, David S., *Deciding Germany's Future, 1943-1945* (Pittsburgh: The Pew Charitable Trusts, 1989).

PATERSON, William E., "The Ostpolitik and Regime Stability in West Germany" in THE OSTPOLITIK AND POLITICAL CHAGE IN GERMANY, ed. Roger Tilford (Lexington: Lexington, 1975).

——, "The Greens: From Yesterday to Tomorrow" in THE FEDERAL REPUBLIC

OF GERMANY AT FORTY, ed. Peter H. Merkl (New York: New York, 1989).

PIO (Press and Information Office of the Federal Republic of Germany), *Facts and Figures*, 1985.

——, *The German Contribution to the Common Defense*, 1986.

——, *The Federal Republic of Germany and the European Community*, October 1987.

PLOCK, Ernest D., *The Basic Treaty and the Evolution of East-West German Relations* (London: Westview, 1986).

PODHORETZ, Norman, "The Rise and Fall of Containment" in CONTAINING THE SOVIET UNION, ed. Terry Deibel & John L. Graddis (Washington D.C.: Pergamon-Brassey's, 1987).

PRIDHAM, Geoffrey, "The Ostpolitik and the Opposition in West Germany" in THE OSTPOLITIK AND POLITICAL CHANGE IN GERMANY, ed. Roger Tilford (Lexington: Lexington, 1975).

RAUSCH, Heinz, "Politisches Bewusstsein und politische Einstellungen im Wandel" in DIE IDENTITAET DER DEUTSCHEN, ed. Werner Weidenfeld (Bonn: Bundeszentrale fuer politische Bildung, 1983).

RAVENAL, Earl, *NATO: The Tides of Discontent* (Berkeley: University of California, 1985).

——, "Containment, Non-Intervention, and Strategic Disengagement" in CONTAINING THE SOVIET UNION, ed. Terry L. Deibel & John Lewis Graddis (Washington D. C.: Pergamon-Brassey's, 1987).

ROCK, William R., *British Appeasement in the 1930s* (New York: W. W. Norton, 1977).

ROEMER, Karl, *Tatsachen ueber Deutschland* (Guetesloh: Bertelsmann, 1987).

ROGERS, Bernard W., "Why NATO Continues to Need American Troops?" *The Wall Street Journal*, July 8, 1987, 19.

ROSOLOWSKY, Diane, *West Germany's Foreign Policy* (Westport: Greenwood, 1987).

ROSS, Graham, *The Great Powers and the Decline of the European States System, 1914-1945* (London: Longman, 1983).

RUPNIK, Jacques, "Central Europe or Mitteleuropa?" *Daedalus*, Winter 1990, 249-78.

SCHONNMAKER, Donald, "The Second Bonn Republic at Forty Years: And the Centre Holds", *German Politics and Society*, 16, Spring 1989, 10-9.

SCHWARTZ, David, *NATO's Nuclear Dilemmas* ( Washington D. C. : Brookings, 1983).

SCHWEIGLER, Gebhard, "German Questions or The Schrinking of Germany" in THE TWO GERMAN STATES AND EUROPEAN SECURITY, ed. F. Stephen Larrabee (New York: St. Martin's, 1989).

SERRE, Francoise de la, "Foreign Policy of the European Community" in FOREIGN POLICY IN WORLD POLITCS, ed. Roy C. Macridis (Englewood Cliffs: Prentice Hall, 1989).

SHEEHAN, James J., "German Politics, 1871-1933" in CONTEMPORARY

GERMANY: POLITICS & CULTURE, ed. Charles Burdick, Hans-Adolf Jacobsen, and Winfried Kudszus (Boulder: Westview, 1984).

SHEEHAN, Michael, "The Place of the Balancer in Balance of Power Theory", *Review of International Studies*, Vol. 15, No. 2, April 1989, 123-34.

SIMON, W. M., *Germany in the Age of Bismarck* ( London: George Allen and Unwin, 1968).

SIMONIAN, Haig, *The Privileged Partnership: Franco-German Relations in the European Community, 1969-1984* ( Oxford: Claredon, 1985).

SOMMER, Theo, "Germany: United, But Not a World Power", *European Affairs*, Febuary-March, 1991, 38-41.

SMITH, Eric Owen, *The West German Economy* ( New York: St. Martin's, 1983).

SMITH, Gaddis, *American Diplomacy during the Second World War, 1941-1945* (New York: Alfred A. Knopf, 1985).

SMITH, Gordon, *Democracy in Western Germany: Parties & Politics in the*

*Federal Republic* (New York: Holmes & Meier, 1986).

SPENCER, Robert, "The Community and the Original Six: West Germany and the Community, 1957-1982" in THE EUROPEAN COMMUNITY AT THE CROSSROADS: THE FIRST TWENTY-FIVE YEARS, ed. Nils Orvik & Charles Pentland (Kingston: Queen's University, 1983).

SPERLING, James C., "The Federal Republic of Germany, the United States, and the Atlantic Economy" in THE FEDERAL REPUBLIC OF GERMANY AT FORTY, ed. Peter H. Merkl (New York: New York University, 1989).

*SPIEGEL, Der*, "Alle Faeden in der Hand", 40/1990, 18-26.

——, "Frauen zurueck an den Herd", 47/1990, 113-127.

——, "Nur noch so beliebt wie die Russen", 30/1991, 24-49.

——, "Warten auf das Wunder", 33/1991, 82-85.

——, "Es reisst mir das Herz kaputt", 37/1991, 88-104.

——, "Es gibt keine neuen Milliarden", 40/1991, 20-3.

STADEN, Berndt von, *Jean Monnet Lecture* ( European University Institute:

1989).

STEEL, Ronald, "The Superpowers in the Twilight of NATO" in NATO AT 40: CONFRONTING A CHANGING WORLD, ed. Ted Galen Carpenter (Lexington: Lexington, 1990).

STENT, Angela, "Economic Strategy" in SOVIET STRATEGY TOWARD WESTERN EUROPE, ed. Edwina Moreton and Gerald Segal (London: George Allen & Unwin, 1984).

*STERN, Der*, "Es wird schon gelingen", April 10, 1990, 33-7.

*SUNDAY TIMES, The*, "One People…One Germany?" September 10, 1989.

TAYLOR, A. J. P., *Bismarck: The Man and the Statesman* (New York: Vintage, 1955).

TIETMEYER, Hans, "Reunification and Beyond", *European Affairs*, August-September 1991, 6-9.

TILFORD, Roger B. (ed.), *The Ostpolitik and Political Change in Germany* (Westmead, 1975).

*TIME*, "Hitting the Skids", August 19, 1991, 34-6.

TUGENHAT, Christopher, *Making Sense of Europe* (New York: Columbia University, 1988).

TURNER, Henry A. Jr., *Geschichte der beiden deutschen Staaten seit 1945* (Muenchen: Piper, 1987).

WILLIAMS, John A., "Defense Policy: The Carter-Reagan Record", *The Washington Quarterly*, Vol. 6, No. 4, Autumn 1983, 77-91.

WILLIAMS, Phil, "The Limits of American Power: From Nixon to Reagan", *International Affairs*, Vol. 63, No. 4, Autumn 1987, 377-89.

WILMS, Dorothee, *The German Question and Inner-German Relations* (Washington D.C.: Konrad Adenauer Stiftung, 1987).

WEIDENFELD, Werner, "Die Identitaet der Deutschen: Frage, Positionen, Perspektiven" in DIE IDENTITAET DER DEUTSCHEN, ed. Werner Weidenfeld (Bonn: Bundeszentrale fuer politische Bildung, 1983).

WEINBERG, Gerhard L., "The Defeat of Germany in 1918 and the European

Balace of Power", *Central European History*, Vol. II, No. 3, Sept. 1969, 248-60.

*WELT, Der*, "Deutsche koennen sich weniger Fehler leisten als Randstaaten", November 30, 1989.

WHETTEN, *Germany East and West: Conflicts, Collaboration, and Confrontation* (New York: New York University, 1980).

WINDELEN, Heinrich, "The Two States in Germany", *Aussenpolitik*, No. 3, 1984, 227-41.

ZINNER, Paul E., "Das gemeinsame Haus Europa aus amerikanischer Sicht" in PERSPEKTIVEN FUER SICHERHEIT UND ZUSAMMENARBEIT IN EUROPA, ed. Hanns-D. Jacobsen, Heinrich Machowski, and Dirk Sager (Bonn: Bundes zentrale fuer politische Bildung, 1988).

# 重要名詞中英（德）對照表

—依在本書出現之先後順序排列—

| | |
|---|---|
| 歐洲協盟 | Concert of Europe |
| 權力平衡 | balance of power |
| 維也納會議 | Congress of Vienna |
| 第二帝國 | Second Reich |
| 世界政策 | "Weltpolitik" |
| 歐洲合眾國 | a United States of Europe |
| 威瑪共和 | Weimar Republic |
| 德蘇布城條約 | Treaty of Brest-Litovsk |
| 中歐政策 | "Mitteleuropapolitik" |

| | |
|---|---|
| 婁巴洛條約 | Rapallo Treaty |
| 東進（鄰）政策 | “Ostpolitik” |
| 西向政策 | “Westpolitik” |
| 羅加諾公約 | Locarno Pact |
| 第三帝國 | Third Reich |
| 奧得河及奈塞河 | Oder-Neisse River |
| 雅爾達會議 | Yalta Conference |
| 波茨坦會議 | Potsdam Conference |
| 社會統一黨（社統黨） | “Sozialistische Einheitspartei Deutschland” (SED) |
| 經濟互助理事會（經互會） | Council for Mutual Economic Assistance (COMECON) |
| 圍堵政策 | containment policy |
| 基本法 | “Grundgesetz” |
| 北大西洋公約組織（北約） | North Atlantic Treaty Organization (NATO) |
| 華沙公約組織（華約） | Warsaw Pact Treaty Organization |

| | |
|---|---|
| 雍克族羣 | "Junkers" |
| 基督民主黨（基民黨） | "Christlich-Demokratische Union"（CDU） |
| 基督社會黨（基社黨） | "Christlich-Soziale Union"（CSU） |
| 基督聯盟 | CDU/CSU |
| 社會民主黨（社民黨） | "Sozialdemokratische Partei Deutschlands"（SPD） |
| 自由民主黨（自民黨） | "Freie Demokratische Partei"（FDP） |
| 上院 | "Bundesrat" |
| 下院 | "Bundestag" |
| 聯邦憲法法院 | "Bundesverfassungsgericht" |
| 五%條款 | "5%-Klause" |
| 綠黨 | "die Gruenen" |
| 低盪政策 | detente |
| 歐洲防衛共同體（歐防體） | European Defense Community（EDC） |
| 歐洲中程核武 | Intermediate-range Nuclear Force（INF） |
| 大西洋派 | Atlanticists |

| | |
|---|---|
| 戴高樂派 | Gaullists |
| 聯邦派 | federalism, or supranationalism |
| 邦聯派 | unionism, or intergovernmentalism |
| 舒曼計畫 | Schuman Plan |
| 西歐聯盟 | West European Union (WEU) |
| 歐洲煤鋼共同體（歐煤體） | European Coal and Steel Community (ECSC) |
| 歐洲政治共同體（歐政體） | European Political Community (EPC) |
| 歐洲共同市場（歐市） | European Common Market |
| 單一歐洲法案 | Single European Act |
| 歐洲政治合作組織（歐政組織） | European Political Cooperation (EPC) |
| 歐洲安全與合作會議（歐安會議） | Conference on Security and Cooperation in Europe (CSCE) |
| 赫爾辛基協定 | Helsinki Agreements |
| 經濟及貨幣同盟（經貨同盟） | Economic and Monetary Union (EMU) |
| 加深整合派 | deepeners |

| | |
|---|---|
| 拓寬整合派 | wideners |
| 歐洲共同之家 | Common European House |
| 歐洲自由貿易協盟（歐協） | European Free Trade Association (EFTA) |
| 歐洲貨幣制度 | European Monetary System (EMS) |
| 歐洲貨幣單位 | European Currency Units (ECUs) |
| 兩德關係基礎條約 | "Grundlagenvertrag" |
| 德國政策 | "Deutschlandpolitik" |
| 霍斯坦原則 | Hallstein Doctrine |
| 親睦以求變 | "Wandel durch Annaehrung" |
| 文化國家 | "Kulturnation" |
| 離異政策 | "Abgrenzung" |
| 歐洲傳統武力裁減會議 | Conventional Armed Forces in Europe (CAFE) |
| 國家信託局 | "Treuhandanstalt" |
| 歐洲經濟區 | European Economic Area |

# 三民叢刊書目

三民叢刊33

## 猶記風吹水上鱗

余英時　著

本書以紀念錢賓四先生的文字爲主，賓四先生爲一代通儒，畢生著作無不以重發中華文化之幽光爲志。透過作者的描述，我們不僅能對賓四先生之志節與學術有深入的認識，並對民國以來學術史之發展有一概念。

三民叢刊34

## 形象與言語

李明明　著

藝術是以形象代替作者的言語，而在形象與言語之外，仍還有其他種種相關的問題。本書作者從藝術與時代、形式與風格、藝術與前衞、藝術與文化五個方面剖析西方現代藝術，使讀者能對藝術品本身及其相關論題有一完整的認識。

三民叢刊35

## 紅學論集

潘重規　著

本書爲「紅學論集」的第四本。作者向來主張《紅樓夢》一書爲發揚民族大義之書，數十年來與各方學者論辯，更堅定其主張。本書爲作者歷年來關於紅學討論文字的總結之作，也是精華之所在。

三民叢刊36

## 憂鬱與狂熱

孫瑋芒　著

輕狂的年少，懷憂的中年，從鄉下的眷村到大都會的臺北，從愛情到知識，作者以詩意的筆調、鋪陳豐饒的意象，表現生命進程中的憂鬱與狂熱。以純藝術表現出發，而兼及反應社會脈動，不但樹立了獨特的個人風格，也爲散文藝術開拓了新境界。

三民叢刊37

黃昏過客

沙究　著

「爲樸素心靈尋找一些普通相的句子」沙究在獲得時報短篇小說推薦獎時曾對他的寫作有如是的感言，他的作品就是最好的實踐。本書將帶領您從浮生眾相中探索人類心靈的面貌。

三民叢刊38

帶詩蹺課去

徐望雲　著

我們都或多或少的讀過現代詩，但對現代詩的了解卻很少，於是許多譁眾取寵的文字便假借現代詩的名義出現，讓「詩人」成爲一種笑話。本書以輕鬆的筆調、嚴肅的心情，引導讀者更接近、更了解現代詩。

三民叢刊39

走出銅像國

龔鵬程　著

「有筆有書有肝膽，亦狂亦俠亦溫文」，身處時代之中的讀書人，傾聽時代之聲，即使漠然獨立，又豈眞無關切奮激之情？看龔鵬程如何以慷慨纏綿之筆，爲當今的社會文化現象把脈，提出處斷的良方。

三民叢刊40

伴我半世紀的那把琴

鄧昌國　著

本書爲作者歷年來對工作及生活的感懷之作。作者以深厚的音樂素養和經歷，娓娓細訴生命中的點點滴滴。一把琴，陪伴走過半世紀的歲月滄桑，樂音寄託壯志，也撫平了激越胸懷。

國立中央圖書館出版品預行編目資料

德國問題與歐洲秩序/彭滂沱著. --初
版. --臺北市：三民，民81
面；　公分. --(三民叢刊：44)
參考書目：面
ISBN 957-19-1850-1 (平裝)

1.德國—政治與政府

574.43　　81000574



著　者　彭滂沱
發行人　劉振强
出版者　三民書局股份有限公司
印刷所　三民書局股份有限公司
地址／臺北市重慶南路一
郵撥／〇〇〇九九九八一
初　版　中華民國八十一年三月
編　號　S 57017
基本定價　叁元柒角捌分
行政院新聞局登記證局版臺業字第〇二〇〇



ISBN 957-14-1850-1 (平裝)

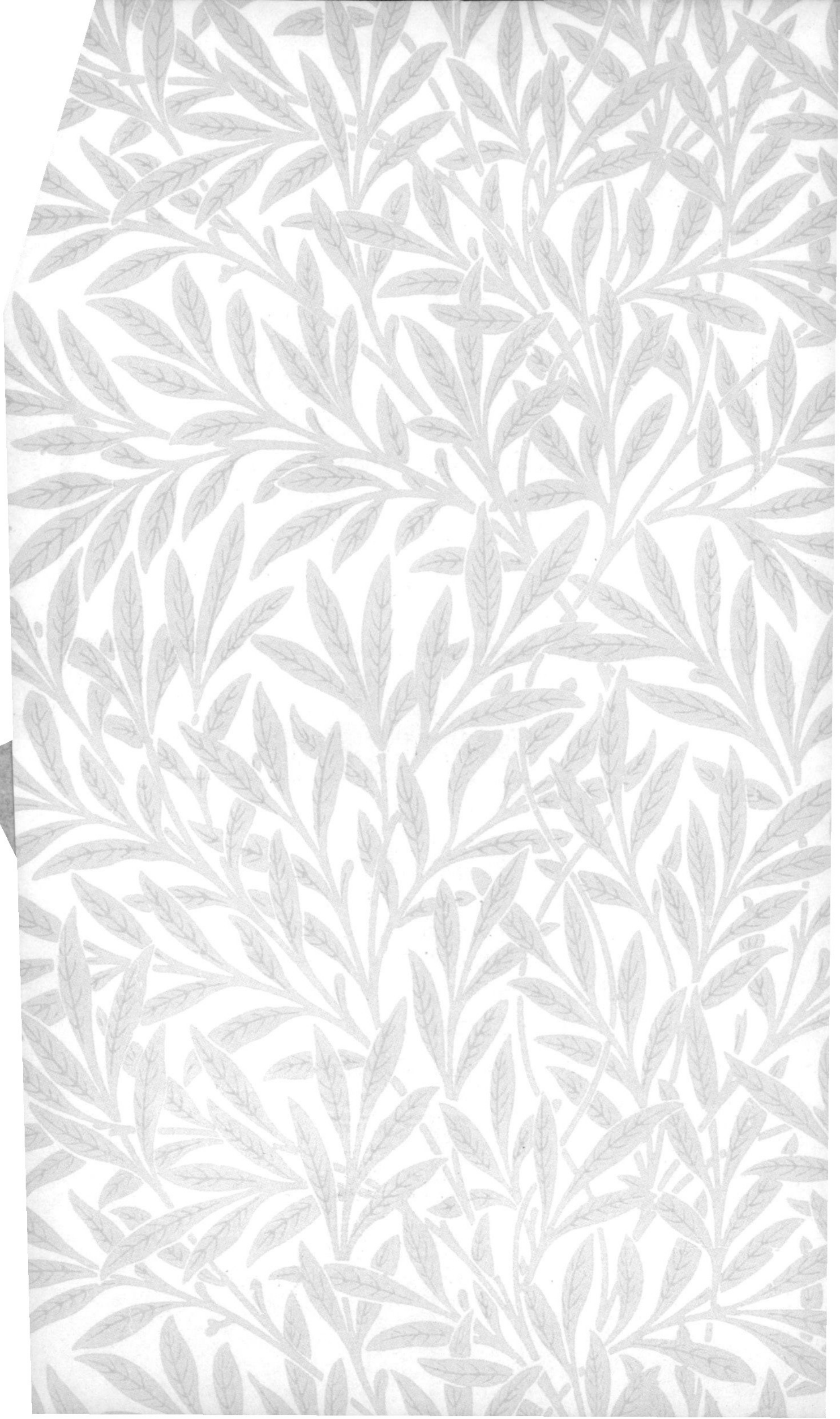